U0101382

北京电视台
China Beijing TV Station

这里是北京

THIS IS BEIJING

李 欣 主编

华藝出版社
HUA YI PUBLISHING HOUSE

《这里是北京》丛书
编 委 会

总 监 制：刘爱勤 张 晓 华 艺

监　　制：赵福明 黄 瑨 郝 洪

主　　编：李 欣

执行主编：张 妍

主 持 人：卢文龙

编　　委：闫 焓 姜 祺 谢 侃 王 娟 张 宁 王之名

编　　辑：刘 刚 马 燕 关利华

北京电视台公共频道节目中心制作

特别鸣谢：北京市文物局

序

　　2007年10月，我曾经为《这里是北京》丛书的第二册作序，时隔一年，之所以要重新撰文，原因有二。

　　首先，北京、北京电视台、《这里是北京》，在过去一年里，都发生了很大的变化。一场奥运盛事，使北京经历了一场洗礼。古老与现代，在这座城市之中，被融合得天衣无缝。奥运场馆的兴建与北京旧城历史文化保护区的形成，在北京的城市格局发展史上，画上了又一个节点。这个节点，可以与昔日的元大都、明皇城、清园林相媲美。正是这样的变化，使《这里是北京》不得不放慢了脚步，由粗略的游走变成了细致的品味、耐心的挖掘。

　　与此同时，这一年以来，北京卫视也面临着明确定位的难题。在观众至上、收视率至上的今天，北京卫视作为首都台，显然不能盲从地推崇娱乐节目。高品位的大家风范与高普及的大众文化，多年来一直是一对矛盾体。如何将这二者有机结合在一起？我们一直在探索这个问题。《这里是北京》正是在这样的大环境下与北京电视台一起成长着、变化着，在这个过程中，有很多的经验值得我们借鉴，也有一些教训值得我们思考。因此可以说，《这里是北京》不仅是一档深受广大电视观众喜爱的节目，同时也是业内值得关注和研究的一个案例。

　　除了变化之外，这次再度为《这里是北京》作序的第二个原因，是为了祝贺他们，在第四册图书出版之际，栏目也迎来了改版之后的四岁生日。

　　从2004年10月到2008年10月，整整四年的时间。四年，对于一档电视栏目来说，尚属年轻。但是他们赶上了一个特殊的时期——2008年北京奥运会，这个特殊的时期，是机遇，也是挑战。随着北京文化的迅速升温，同类节目层出不穷。能否保持领跑者的位置和姿态，抑或是被同类节目的大潮所淹没，《这里是北京》栏目的主创人员们付出了巨大的努力，做到了保持优势。正因为如此，北京卫视这个汇集北京电视台精英栏目的平台，为他们留出了一席之地。

　　奥运会到来之前，人们关注北京，因此《这里是北京》栏目以及北京卫视的其他文化节目，成为人们最快、最便捷的了解北京的途径。然而随着后奥运时代的到来，会有越来越多全国各地甚至世界各地的朋友来到北京，驻足北京。浮光掠影式的文化理解，已经无法满足人们的需求。因此在未来的时间里，《这里是北京》将和北京卫视的其他节目一起，对中国文化、北京文化，做更深入的探索，寻找更独特的视角，开拓更新鲜的表现方式，同时，也要保持最通俗的表达方式，以赢得更广阔的受众。

　　北京，虽为千年古城，却使现代与古老在这里完美交融；北京，虽为五朝古都，却有着亲切包容的市井民风。北京的灵魂与气质，一直贯穿于《这里是北京》栏目之中，也一直贯穿于北京卫视的各档文化栏目之中。在即将到来的后奥运时代，希望《这里是北京》和北京卫视，都能成为北京文化的一部分，可以与红墙黄瓦比肩，也有四合小院的亲切，能听到街头巷尾的低吟浅唱，能听懂皇家宗庙的礼乐齐鸣。在别处，历史或许只能用来追思和凭吊的，但是《这里是北京》告诉我们，在北京，百年的古迹俯拾皆是，千年的光阴却是触手可碰，最古老与最现代的元素，把"和谐"二字，诠释得淋漓尽致。

北京电视台台长　刘爱勤

|目录|
CONTENTS

|目录|
CONTENTS

北京记忆

博物馆宝典

北京发现

重访北京城

重访《乾隆京城全图》(七排九行)

在《乾隆京城全图》第七排第九行的这片区域里，

礼亲王府毋庸置疑地成为了焦点……

解密庆寿寺

元代的北京城，

被公认为是历朝历代京城之中最规矩、最方正的，

即便如此，我们还是发现了它的缺陷，缺了一块儿。

这天子脚下，为什么会出现如此缺憾呢？

投机分子(上)

北京市东城区的新中街，原本是睿亲王多尔衮的墓地，

因为多尔衮排行老九，所以最早这儿叫九王坟。

重访《乾隆京城全图》（七排九行）

在《乾隆京城全图》第七排第九行的这片区域里，礼亲王府毋庸置疑地成为了焦点……

我们一向认为吃醋是女人的专利，尤其是皇帝的妃子们，面对老公，醋意要比爱意更浓。女人打翻了醋坛子之后，大都跟自己较劲，一哭二闹三上吊，除了令老公痛苦点之外，不会引发股票暴跌、金融危机之类的重大事件。但是您想过没有，一个男人，一个身为皇帝的男人，家里的醋坛子要是打翻了，会是什么结果呢？

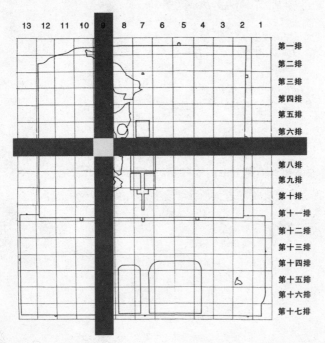

《乾隆京城全图》索引表

本期重访地点：《乾隆京城全图》第七排第九行

现在所属区域：北京市西城区

清朝所属区域：内城西北部正红旗

重点重访对象：礼亲王府、颁赏胡同、朗贝勒府、粉子胡同

父子成情敌：礼亲王府

《乾隆京城全图》局部

在《乾隆京城全图》第七排第九行的这片区域里，礼亲王府毋庸置疑地成为了焦点。过去有句话叫"礼王府的房、豫王府的墙"，这说的是礼王府的房多，豫王府的墙高。现如今的礼王府成了机关单位，不可能让我们进去拍摄了。为了完成重访任务，我们从资料堆里找到了十年前拍摄的影像。

第一代礼亲王，就是我们所熟悉的代善，努尔哈赤的第二个儿子。修建礼亲王府的时候，皇帝曾经下令，各省总督、巡抚都要出钱赞助，由此可见礼亲王代善在朝廷中的地位了。您再看《大清风云》里，多尔衮和代善的扮相，哪像兄弟啊，怎么看都像爷俩。也难怪，多尔衮是1612年生人，代善是1583年生人，兄弟俩差29岁，而代善跟他爸爸努尔哈赤才差24岁。这父子三人站一块儿，不知道的还当是祖孙三代呢。

礼王府旧址影像

父子三人

讽刺的是，这三个顶天立地的大男人，居然差点为了一个女人而乱了辈分儿，这个人就是努尔哈赤的大福晋、多尔衮的亲娘、代善的后妈——乌拉纳拉氏阿巴亥。

● 乌拉纳拉氏阿巴亥在京档案

出生日期：1590年

民　　族：满族

结婚年龄：12岁

享　　年：36岁

死亡原因：为努尔哈赤殉葬

生育子女：十二子阿济格、十四子多尔衮、十五子多铎

老夫少妻似乎永远是男人炫耀的资本，但是这背后的危机四伏，只有当事人自己知道。大福晋阿巴亥30出头、风华正茂之时，努尔哈赤已经62岁了，而此时的礼亲王代善也才37岁。

代善曾经是皇子当中地位最高、战功最多、前途最光明的。努尔哈赤曾经说过："我去世之后，把大福晋和幼子托付给代善抚养。"这就暗示着要让代善继承皇位。而当时的满族也有一种习俗，就是父亲死后，年长的儿子可以娶年轻的继母为妻。但是没想到代善和阿巴亥都等不及了，努尔哈赤还活得硬朗着呢，这母子二人之间就传出了绯闻。

阿巴亥30出头

努尔哈赤62岁

代善37岁

结果呢，在其他嫔妃的挑唆之下，努尔哈赤的醋坛子彻底打翻了。

讽刺的是，努尔哈赤十几个老婆，都能相安无事地爱着同一个男人，但当他本人面对一个捕风捉影的"假想情敌"之时，却忍无可忍，况且这个人还是他的儿子。由此可见，男人和女人的度量谁大谁小，是不可一概而论的。

最终努尔哈赤的处理意见是这样的：家丑不可外扬，大福晋阿巴亥被废，代善的责任不予深究。尽管如此，事实证明，从此之后代善退居二线，低调做人，而大福晋阿巴亥则凭着女人的魅力，在不久之后又恢复了大福晋的地位。她依然是努尔哈赤最爱的女人，而代善已经不再是努尔哈赤最信任的儿子了。

其实在"绯闻事件"之后不到半年，还发生了一件"虐子事件"。话说代善的儿子硕讬要投靠明朝，事情败露之后，代善非但不在努尔哈赤面前求情，反而多次请求处死硕讬。努尔哈赤一琢磨，不对啊，硕讬身为皇亲国戚，天天是锦衣玉食，大清又是前途无量，他干嘛要叛逃呢？结果找人一调查才知道，原来这硕讬是代善前妻的儿子，后来代善给他娶了个后妈，硕讬经常遭到虐待，孩子实在受

努尔哈赤

不了了，才想到要离家出走。俗话说隔辈儿疼啊，努尔哈赤一听，气坏了，你敢虐待我孙子！当即下令剥夺代善的皇位继承权。

集体领奖：颁赏胡同

《乾隆京城全图》局部

从《乾隆京城全图》上可以看出来，礼王府前到大酱坊胡同，后到板肠胡同。北京以吃命名的胡同并不少见，但这板肠究竟是什么，您知道吗？

我还真给您查着了：板肠最有名的做法就是"卤板肠"，跟咱北京的卤煮火烧差不多。但人家用的不是猪肠子，而是整副的驴大肠。卤板肠最有名的地方是陕西米脂，那儿是中国古代四大美女之一———貂蝉的故乡。由此我们得出一个结论，吃驴板肠也能吃出美女来。

6

回过头来再说礼王府后身儿的板肠胡同。按常理，北京以吃命名的胡同里，必有以吃著名的店铺。我们可以试想一下，如果当年这地方真有一家卖板肠的，天天早上起来拾掇驴大肠，那这礼亲王府里得什么味儿啊？

在宣统年间的地图上，板肠胡同的地名已经找不着了，取而代之的是"颁赏胡同"。至于这名字是什么时候改的，并没有确切的记载。有人说因为"板肠"不好听，老百姓就顺口叫成

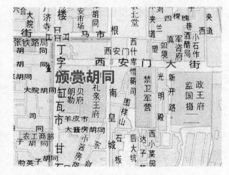

宣统年间北京地图：颁赏胡同

"颁赏"了，也有人说因为当年这条胡同里王府特多，王爷们经常颁奖受赏，所以才叫颁赏胡同了。还有一个最离谱的版本，说当年凡是要领赏的大臣，都得到这条胡同里集合，皇帝下诏之后统一进宫。为什么说这个版本最离谱呢？你瞧瞧，这地方离紫禁城多老远啊，再碰上家住东城的，还得特意跑到这儿来候旨，要这么算，还不如头天晚上在礼王府里借住一宿呢，省得第二天迟到了。

夫妻代沟：朗贝勒府

末代皇后婉容，相信大家都不陌生，她跟溥仪之间的婚姻生活，甭管是真是假，咱都倒背如流了。但是今天咱们不传说、不戏说，单说说婉容，关于婉容的家族有凭有据的故事。众所周知，婉容比溥仪大三个月，我们曾经把这段婚姻戏称为"姐弟恋"。但是实际上，溥仪跟婉容差着好几辈儿呢！

话说婉容的外祖父是个贝勒爷，名叫毓朗。从宣统年间的地图上我们可以看出来，朗贝勒府就在礼王府隔壁。但是奇怪的是，在《乾隆京城全图》上，礼王府的西边丝毫看不出大宅门的规模。是《乾隆京城全图》画漏了，还是朗贝勒府在这幅地图绘制之后才搬过来的呢？

原来礼亲王府的西边，最早是巽亲王府，而巽亲王早在康熙年间就被废了。直到乾隆十五年，婉容母亲的祖上才被封为定亲王，这才在巽亲王府的旧址上盖起了定亲王府，后来亲王的爵位到了婉容的外祖父毓朗这儿，已经降成了贝勒，定亲王府这才改叫朗贝勒府了。由此推论，当年手绘《乾隆京城全图》的时候，很可能巽亲王府已经荒废，而定亲王府还没有建起来。

婉容

话说到这儿，婉容无疑是亲王的后代了，咱们再来看看她的辈分问题。清朝的皇族，自乾隆以下，按"永绵奕载、溥毓恒启"排辈，既然婉容的外祖父叫毓朗，那么她的母亲应该是恒字辈的皇族，而婉容自己就是启字辈儿了，跟溥仪相比，整整差了三辈儿，也就是说，婉容该管溥仪叫太爷才对。你琢磨琢磨，这么一对夫妻，中间得有多少条代沟啊。

溥仪和婉容

溥	溥仪
毓	婉容外祖父
恒	婉容母亲
启	婉容

皇家的辈分乱了，清末的时局也乱了，王爷贝勒们的心思，就更乱了。民国六年之后，毓朗就把贝勒府的南半部给卖了，现在是二炮的招待所，北半部成了民居，叫义达里。从地图上可以看出来，这个地名打民国的时候就有了。现如今的义达里南边已经成了死胡同，虽然跟礼王府只有一墙之隔，但这墙里墙外，却是截然不同的两

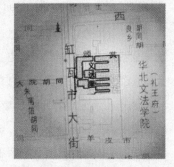

民国时期义达里一片地图

义达里胡同

义达里

重天地了。

红灯区飞出金凤凰：粉子胡同

《马可波罗游记》中曾经有过这样的记载，说元大都共有青楼女子两万五千名。按照现在的思路，这个结论不可思议。不是数字多少的问题，而是统计方法的问题：您说这马可波罗是怎么算出来的。不过后来有史学家研究了，说元代对青楼女子的管理制度是非常规范的，每一百个人就有一个官吏来管理，每一千个人又有一个更高层的领导管理。为什么这么严格呢？就为了在有外国使节来访问的时候，好从中严格筛选接待人员。而当时这些从业者聚集的地方，就在当时元大都的西北部。

明清时期，京城西北部的住户非富即贵，但是早在元朝，并非如此。话说元朝的娱乐业比较发达，那会儿天儿一黑，缸瓦市一带可就热闹了，上班的上班、接客的接客。但是您可别把当时的娱乐行业想粗俗了，元朝的青楼女子以艺妓居多，吹拉弹唱样样精通，而且管理严格，想获得从业资格证书都不那么容易。据说当年著名剧作家关汉卿经常在这片区域游荡，寻找灵感，物色女主角儿。

关汉卿

北京的胡同名，大都是从明清时期形成的，但是略带香艳色彩的"粉子胡同"一名，却可以追溯到元朝。张清常先生曾在《胡同及其他》一书中专门考证，"粉子"在当时是特殊服务行业的代称。除此之外，北京还有什么宋姑娘胡同、马姑娘胡同，都是以青楼掌门人的名字命名的。讽刺的是，就是这样一条昔日的烟花柳巷，到了清朝，却成了盛产大家闺秀的地方。

相传光绪皇帝的珍妃、瑾妃，就出生在粉子胡同里，她们的老爸是光绪年间的礼部侍郎，相当于现在的文化部长。

珍妃的侄子曾经写过一篇文章，名为《我的两位姑母》，其中说

珍妃

道："1898年(光绪二十四年)戊戌变法，珍妃支持变法。后来由于袁世凯告密，变法失败，光绪皇帝被软禁瀛台，珍妃也被慈禧叫去当众受辱挨打，贬入冷宫。我父亲也因与变法有瓜葛被革职为民，从此俸禄和钱粮一律断绝。我家生活无了依靠，又恐再遭慈禧迫害，只好卖掉粉子胡同房产，全家逃亡上海。"

瑾妃

其实当年瑾妃姐妹俩出嫁的时候，家里人就跟办丧事似的。瑾妃的母亲明白，俩宝贝闺女去给人家当小老婆，还碰上慈禧那么个恶婆婆，能有好下场才怪。结果娘家的担心在珍妃身上应验了。姐妹俩虽然是一个娘胎里出来的，但是一个

粉子胡同一处院落

直率叛逆，一个世故圆滑，结果也是截然不同：一个落井而死，一个得以善终。"性格决定命运"这句话，用在她们俩人身上，恐怕是再合适不过了。

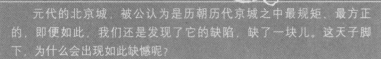

解密庆寿寺

元代的北京城，被公认为是历朝历代京城之中最规矩、最方正的，即便如此，我们还是发现了它的缺陷，缺了一块儿。这天子脚下，为什么会出现如此缺憾呢？

北京城从紫禁城到外城，就像套着四个圈，由外到里的等级越高，设计越规矩。紫禁城和皇城都是方方正正的，可到了内城，缺了西北角，说是为了避让水渠。等到修外城的时候更没规矩了，修了一半就停工了。这说明什么呢，说明越接近百姓的生活区，城墙的实用性越强，以至于有些时候要放弃横平竖直的规划，提高实用价值。话说到这儿，有一个问题出现了：元代北京的皇城，也缺了一角，这又是为什么呢？

元大都城的设计者——刘秉忠

元代的北京城，被公认为是历朝历代京城之中最规矩、最方正的，即便如此，我们还是发现了它的缺陷，缺了一块儿。这天子脚下，为什么会出现如此缺憾呢？究竟是什么样的原因，让元大都的设计者放弃了对称原则，这儿又是什么样的一个地方，让元朝的帝王在建城之时惟恐避之不及呢？

这话还得从元大都的设计者——刘秉忠

刘秉忠

元 大 都

至 正 年 间
（公元 1341－1368 年）

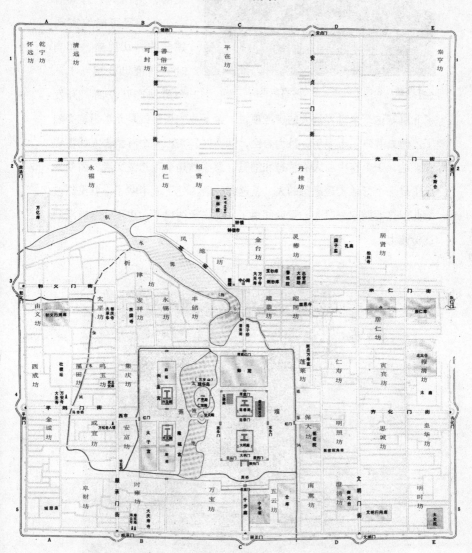

元大都地图（选自《中国历史地图集》）

元大都遗址公园里的元世祖忽必烈雕像

说起。

刘秉忠设计建造元大都，遵循的宗旨只有一个——尽可能地实现领导的一切愿望。而当时的刘秉忠就相当于一个房地产开发商，开发了北京城这个全世界最大的房产项目，至于业主当然就是元世祖忽必烈了。俩人共事三十多年，虽为君臣，却情同兄弟，一个有蒙古人的粗犷和豁达，一个有中原人的智慧和细腻。忽必烈是个理想主义者，而刘秉忠正是那个帮他实现理想的人。就这样，俩人处了大半辈子，就没红过脸儿。这要搁咱一般人，甭说同事了，就是亲两口子，也不一定能混到这份儿上。

元大都城图雕

老话讲"千里马常有，而伯乐不常有"，但是在这其中，咱们忽略了一个重要角色，就是卖马的，也就是现在说的人才中介。忽必烈是伯乐，刘秉忠是千里马，那么究竟是谁把刘秉忠介绍给忽必烈的呢？这人就是元朝的高级人才中介——海云法师。

优秀的人才中介师——海云法师

在首都博物馆的佛造像展厅里，跟释迦牟尼、观音菩萨同居一室的这位佛像，就是海云法师像。

海云法师是一位名副其实的得道高僧。现如今的神童讲究上学跳级、进大学少年班。参考这个成才模式，海云法师应该算是一位神僧，他八岁出家、十九岁来北京深造，二十岁就全国巡回演讲，还被很多知名的寺院聘为特约讲师。您瞧瞧，三百六十行，行行出状元，这海云就是天生适合当和尚的主儿。

就在海云法师的事业蒸蒸日上的时候，忽必烈向他伸出了橄榄枝，请他讲经说法。机会总是眷顾有准备的人，海云就是利用这个机会，把得意门生刘秉忠介绍给了忽必烈。那一年海云40岁，忽必烈27岁，刘秉忠26岁。三个男人的这一次会面，成就了中国历史上最成功的

首都博物馆佛造像展厅

海云法师像

忽必烈

优秀人才招聘案例。

　　六年之后，忽必烈正式邀请海云担任庆寿寺的住持，一次性支付工资多达万两白金。您可别以为过去这白金就是咱现在的铂金，其实不然，过去那白金指的就是银子，当时那万两白金差不多是咱们现在的三百万元人民币，真不少了。

　　当年的庆寿寺，就在现在西长安街上，如今的电报大楼的附近。现在路过那儿，最具标志性的声音就是那首整点报时的《东方红》了，但是早在元朝，这儿方圆数里最常听见的声音，想必就是庆寿寺的钟声了。

　　刘秉忠通晓天文地理，熟读儒道经典。海云法师作为刘秉忠的师傅，文化水平又如何呢？他比刘秉忠多了一个特长——能说会道。自打海云法师被重用以后，大大促进了元朝的民族团结，也影响了忽必烈的很多政治决策。正当忽必烈打

西长安街上的电报大楼

算给他加官晋爵的时候，海云法师圆寂了。

元大都南城墙缺失的真正原因

　　海云的去世，使加官晋爵变成了歌功颂德。忽必烈决定为海云举行最隆重的葬礼，并且为他建造舍利塔。

　　"塔"这个字，原本就来自佛教，专门用来存放得道高僧留下的舍利子。而海云舍利塔的建塔地点，就选在了这片他曾经工作和生活过

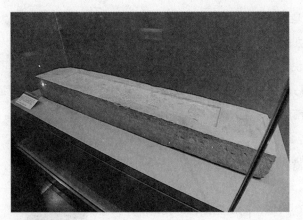

庆寿寺牌匾

的地方——庆寿寺。

现如今庆寿寺虽然拆了，但牌匾保存至今，正在首都博物馆的城建展厅里展览呢。

在海云法师圆寂后的第三年，忽必烈改国号为元，并钦点刘秉忠负责设计建造元大都城，但没承想，这件事却难住了刘秉忠。

海云法师的佛塔正好骑在元大都城的南城墙一线上。一边是恩师的佛塔，一边是未来的国家城池，孰轻孰重？主仆二人当机立断，不让谁也得让佛塔，保留佛塔，城墙改道。正如咱们现在所看到的这样，佛塔纹丝未动，而城墙向南拐了个弯，按当时的说法是让出了30步许，大概就是咱们现在的30多米。

话说到这儿，有人该问了，右边这张图上怎么标有两座佛塔呢？我给您解释一下：这座九级佛塔是海云法师的，旁边的这座七级佛塔是他一名高徒的，叫可庵塔。想必可庵一辈子也不会想到，圆寂之后还沾了师傅的光，享受这份福分。

元代庆寿寺地理位置示意图

就是这么一位海云法师，这么两座佛塔，愣是改变了元大都城墙横平竖直的设计方案。

话说到这份儿了，故事并没有结束。庆寿寺的双塔并没占多大地界儿，后来建造的明皇城离着它还有十万八千里呢，为什么把那么大的一块西南角城墙也给砍了呢？

明城墙西南角缺失的真正原因

说到双塔，的确它没占多大地界儿，但是庆寿寺可大了去了，如今电报大楼附近只是当时庆寿寺的南头，北边一直延伸到了灵境胡同，这算得上是北京地界儿里的大寺庙了。

明皇城是在元大都城址的基础上建的。无独有偶，明朝北京城的设计者姚广孝，也是个和尚，他最崇拜的人，就是刘秉忠，如此说来，这海云

两座佛塔

法师对于姚广孝来说就是祖师爷啊。正因如此，明城墙仍然是绕道而行，这才少了个西南角。

但就是这么一座万人瞩目的寺院，一位设计明朝北京城的高僧，却碰上了一位昏君——嘉靖皇帝。

这还要从他当上了皇上的那天说起。他继承的是堂兄的皇位，理所应当把堂兄奉为太上皇，可他

电报大楼到灵境胡同地理位置示意图

偏偏要把自己的亲生父亲兴献王追封为兴献帝,这不就等于公开向传统的祖制挑衅嘛!而且他把当时反对的人几乎全都给杀了。

当明朝的臣民想尽一切办法保护这座庆寿寺的时候,他又站出来跟大家唱反调了,说双塔太高了,窥探到了皇城,为了保护他自己的隐私权,愣是把庆寿寺改成了驯养大象的地方,跟咱北京动物园的象房无论是味道还是环境,都不相上下。

嘉靖皇帝

这么一来,香客也就少了,庆寿寺也就这么败落了。更不幸的是,没过多久,庆寿寺遭遇了一场火灾,但又让人庆幸的是,两座佛塔居然安然无事保存下来了。这就更加重了人们对海云法师的景仰,甚至有人猜疑是不是他的真身显灵,佛光普照、法力无边。

姚广孝

关于海云法师是不是真身显灵的传说,一直流传到了近代。而且更有邪的,有人甚至说现在首都博物馆里展出的那尊海云法师的佛造像就是他的肉身,这个问题当时在社会上可是掀起了一阵轩然大波,那到底是不是这么回事呢,其实早有专家给出了明确的答复。

揭开海云法师佛造像的神秘面纱

1954年为了拓宽长安街,这两座塔被迫拆除了,在拆除的过程中,北京文物工作者发掘出大量海云法师生前用过的僧帽、僧袍以及供桌等一些陪葬品,这些物品都被保存在了首都博物馆里。

供桌

关于首都博物馆里的这尊海云法师是肉身佛像的说法，自然也就有了非常明确的答案。这尊海云法师佛造像是一尊实打实的泥胎佛造像，并非肉身，这物证、人证全在。

物证就是他的骨灰盒，如今被妥善保存在了北海后身儿的琉璃阁里，现在这儿是北京文物研究所，谢绝参观。之所以保存在这儿，主要是因为琉璃阁是一座无梁殿，不会发生火灾，能够更加妥善地保障藏品的安全。虽然这

北海琉璃阁

物证咱没亲眼瞧见，不过咱们还有人证呢，我们采访到了当年发掘海云佛塔的当事人，苏天钧苏老师。

包袱皮

拆除东西长安街的时候，挖到这两座塔塔基的位置，就发现有一个木质的骨灰盒，里边有一个绣锦做的包袱皮，包着这个骨灰。另外还有一个龟趺，驮着这块石碑。可见海云是火葬的。

听苏老师这么一说，既然骨灰都挖出来了，哪还有什么肉身啊！而且当时还发掘出了一块舍利碑，清楚地记载着海云法师死于1257年，安葬在了庆寿寺的九级海云塔里。

海云塔里的舍利碑

投机分子（上）

北京市东城区的新中街，原本是睿亲王多尔衮的墓地，因为多尔衮排行老九，所以最早这儿叫九王坟。

彩票是当今社会的新鲜事物，很多专业的彩民每天就在家研究该买哪个号，哪个号中奖可能性大。其实在清朝三百多年的历史上，也有这么一批人，以买彩票的心态经营着自己的仕途，他们每天研究的，不是怎么选号码，而是怎么选主子。有人因为选对了主子，能少奋斗十年二十年的；也有人因为站错了队，少活了十年二十年的。这些就是混迹在清朝政坛上的"专业彩民"。

● 一号彩民：苏克萨哈

祖　　姓：叶赫那拉氏（跟慈禧太后同一家族）

民　　族：满族（正白旗）

去世时间：1667年9月5日

死　　因：凌迟处死

投机类型：嗅觉敏锐型

北京市东城区的新中街，原本是睿亲王多尔衮的墓地，因为多尔衮排行老九，所以最早这儿叫九王坟。

说起多尔衮，想必大家并不陌生，他生前憋屈着、战斗着、围绕孝庄太后转悠着，最后才意识到江山易得，美人难求。他死后辉煌过、

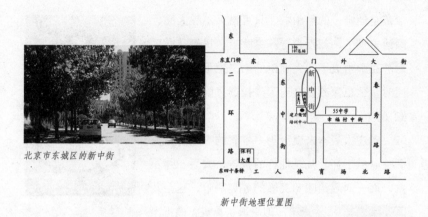

北京市东城区的新中街

新中街地理位置图

冤枉过、被亲信苏克萨哈出卖过，让人们感叹世事无常，人心叵测。

　　苏克萨哈原本是多尔衮的亲信，睿亲王府的大红人。但是他一转身就把投资对象移到了顺治皇帝身上。政治嗅觉灵敏的苏克萨哈感到了顺治皇帝对多尔衮的不满，于是主动揭发多尔衮生前蓄谋篡位，死后龙袍随葬，结果多尔衮被掘坟鞭尸，顺治帝对苏克萨哈很满意，苏克萨哈一步登天了。

多尔衮

　　但是话说到这儿，还有一个结局是您不知道的。一个是对多尔衮若即若离的孝庄太后，一个是让他万劫不复的苏克萨哈，估计多尔衮做梦都没想到，在他去世之后的十七年里，这主仆二人围绕着多尔衮的死，展开了一场早有定数的斗争。苏克萨哈当年的投资风险，也慢慢显露出来了。

　　当年苏克萨哈就住在现在的府右街和中南海之间，叫蚕池口，早年间中海紫光阁西边有个蚕池口教堂，就是在苏克萨哈府的基础上建起来的。

　　相传顺治帝去世之前的那几天，苏克萨哈天天守在病榻旁边，哭着喊着要给皇帝陪葬。这可不是他故作姿态，苏克萨哈深知，自己出卖多尔衮，得罪了正白旗和孝庄太后；背主求荣，又让同事们看不起，顺治帝是他唯一的靠山啦。只可惜天不遂人愿，顺治去世了，却没带走苏克萨哈。尽管从此以后苏克萨哈成了四大辅臣的第二把手，可与此同时，他也深刻体会到了"投资风险"的真实意义。

顺治皇帝

孝庄太后本来就因为多尔衮的事儿对苏克萨哈耿耿于怀，凡是他打的报告，太后一律不批。而一向政治嗅觉灵敏的苏克萨哈，这会儿似乎得了鼻炎，闻不出太后身上的火药味，以至于当孝庄要立索尼的孙女赫舍里为皇后的时候，苏克萨哈还以年龄不符为由站出来反对。就这样，一位太后和一个辅政大臣，为了一个多尔衮，展开了一场没有硝烟的战争。

孝庄皇后

苏克萨哈最终是因为跟鳌拜政见不合而含冤入狱，被凌迟处死。明眼人都知道，苏克萨哈死得冤，但就是这么一件简单的冤案，一向明智的孝庄太后却采取了三不原则：不表态、不掺和、不平反。等到了乾隆年间，反倒是多尔衮被平反了，乾隆皇帝明说：多尔衮当年是被苏克萨哈陷害的，这言外之意就是说苏克萨哈该死。您瞧瞧，人要混到这份儿上，要按现在买彩票的理念，相当于前期买了两块钱彩票，中了五块钱，挺美，紧接着就扔进去两千，结果一无所获，媳妇还跟别人跑了，得不偿失呐，咱别跟他学。下面这位，相比之下就聪明多了。

赫舍里皇后

24

● 二号彩民：范文程

出生日期：1596年

享　　年：70岁

死　　因：寿终正寝

籍　　贯：江苏

户口所在地：沈阳

投机类型：高智商型

　　范文程活着的时候住在哪，我们不知道，只知道他死后住在北京市怀柔区卢庄，他的坟墓如今只留下两个棺材坑和一堆废石料了。

　　作为一个被影视剧神化的人物，范文程大有清朝救世主的气质，他献计谋害了袁崇焕，却还有人高呼"这个杀手不太冷"。明星之所以能够成为明星，大都是因为他们足够自恋，坚信自己生来就是做明星的料，极其适应娱乐圈。范文程也是如此，他同样自恋，只不过他适应的不是娱乐圈，而是清政府为他提供的一个良好的投机环境。

怀柔区卢庄地理位置图

　　范文程是主动投奔清政府的，

袁崇焕

当皇太极认为他征服了这位汉臣的时候，在老范眼里，皇太极不过是一张中奖几率极高的彩票而已。

　　很多人都觉得中彩票完全靠运气，其实不然，高级彩民同样需要智慧，比如范文程。他预计到了三五年之后，明朝内部会先乱起来。老天帮忙，李自成造反了。范文程也看透了崇祯皇帝对底下人的不信任，果不其然，袁崇焕

皇太极

被杀了。

在电视剧《大清风云》里，范文程又多了一项功能：保媒拉纤。他左手把着多尔衮的脉搏，右耳听着孝庄太后的心声，一会儿主张和亲，一会儿又提议暂缓。以至于多尔衮被耍得团团转，范文程却能全身而退。顺治把他当好人，孝庄把他当好人，多尔衮也不得不把他当好人。

就这样，范文程捧着

多尔衮

不碎的金饭碗活到了70岁，最终寿终正寝，康熙皇帝亲写祭文悼念，对他大加赞赏。

从范文程的成功经验里我们得出一个结论：中一张彩票并不难，买一张中一张，这才是最难最难的啊！

●三号彩民：安德海

昵　　称：小安子（慈禧太后戏称他为"人精儿"）

出生日期：1837年

享　　年：32岁（属英年早逝）

职　　业：太监

投机类型：野心勃勃型

我们原来总说三朝元老、四朝元老，说来简单，其实并不容易。俗话说一朝天子一朝臣，像范文程这样的汉臣，在满汉相争又风云跌宕的清初政坛上，能保全自己，还能有所作为，绝非易事。不仅如此，如果说让领导满意是做官的基本素质的话，那么让老百姓和领导都满意，就绝对是当官的艺术了。接下来出场的这位，跟苏克萨哈和范文程相比，一没有高学历，二没有好血统，但他拥有一双星探般敏锐的眼睛。

慈禧太后与妃子

当领导的，希望属下足够聪明，但不能聪明到算计自己，慈禧太后对太监的要求就是如此；当太监的，希望领导前途无量，但不至于高不可攀，安德海对慈禧太后的期望仅此而已。

当安德海陪着咸丰皇帝到坤宁宫看望慈安太后的时候，一下子就和慈安旁边的秀女兰儿对上眼儿了。日后的安大总管和慈禧太后，就这样第一次碰了面。

从此安德海看准了慈禧这张彩票，果不其然，他的兰姐姐为咸丰皇帝生了第一个也是唯一一个儿子，向母仪天下的梦想迈进了一大步，而安德海也距离安大总管的头衔越来越近了。此后从兰儿到兰贵人，再到懿嫔、懿贵妃，安德海看着奖金累积得

咸丰皇帝

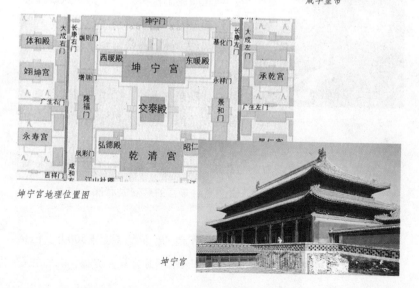

坤宁宫地理位置图

坤宁宫

越来越高，却始终不肯出手，因为他具备资深彩民和星探的双重素质，深知他的兰姐姐潜力不止如此。

直到承德之行，咸丰撒手人寰，安德海抓紧时机向慈禧表达了自己的忠心。

位于什刹海前海西街17号的恭王府，最出名的两代主人，一是乾隆朝的和珅，二就是慈禧太后的小叔子——"鬼子六"奕訢。

慈安太后画像

著名的辛酉政变，造就了一批符合慈禧太后用人标准的人才，安德海和奕訢更是其中的佼佼者。相传当年咸丰在承德避暑山庄撒手人寰，肃顺等八大辅臣挟天子以令诸侯，

"鬼子六"奕訢

于是慈禧暗中派安德海到恭王府给奕訢报信，寻求援助。要说安德海还真是敬业，跨上马日夜兼程地赶往京城，屁股差点儿颠成了八瓣儿。安德海跌跌撞撞跑到恭王府，把事情经过跟"鬼子六"这么一讲，咱这位常被慈禧挂在嘴边儿的六叔，关键时刻还真派上了大用场，快马加鞭赶往承德。据说那时候私自出宫的安德海，还是男扮女装才跟着奕訢混回了承德行宫。

接下来叔嫂同谋杀肃顺的故事，早已经不新鲜了，至于安德海这位"幕后英雄"起的作用，恐怕连当时东宫的慈安太后都不知道其中的内情了。

安德海由此得了势，慈禧太后对于他的价值绝不亚于500万。但是现如今有人怕树大招风，中了500万彩票都不敢公开领奖金，咱们的安大总管却是烧包加得瑟，乐极生悲了。

他仗着慈禧的宠爱，私自出宫，南下倒腾买卖去了，结果半道上就被山东巡抚陈宝桢给扣下了。太监私自出宫，还这么招摇，死罪啊。随后陈宝桢给北京发了封电报，问怎么处置，结果收到同治皇帝的指令是：杀！

陈宝桢

按理说没人轻易敢动慈禧的宠臣，但此次安德海被杀得如此迅速，又引发了后人的多种猜测，其中之一是说慈禧太后跟安德海的不正当关系被曝光，于是慈禧借同治的手杀人灭口，以求自保。

同治皇帝

都说安德海仗着慈禧的宠幸如何如何，其实仔细想来并非如此，当小安子已经伴君左右的时候，少女慈禧还不谙世事；当慈禧的未来风雨飘摇的时候，安德海雪中送炭，却没承想功高盖主。安德海的世界里只有慈禧，但慈禧的世界里却不只安德海一个。当慈禧自身价值越来越高的时候，安德海的风险也就越来越大。所以奉劝彩民朋友们，见好就收，别太贪心了。

重访《乾隆京城全图》（二排二行）

在《乾隆京城全图》第二排第二行里，

有一条王大人胡同，1965年的时候，改成了北新桥三条。

而咱们今天的故事，就要从"王大人胡同"这个名字说起。

发现姚广孝墓塔

说起坟墓，大伙儿都知道，不就是埋死人的地方吗？

但是墓塔和坟墓究竟有什么关系，又有什么区别？

这地方除了一座宝塔之外，既没地宫也没坟冢，

姚广孝的尸骨是否真的埋在这儿呢？

投机分子(下)

众所周知，雍和宫原来是雍亲王府，

住着康熙皇帝的皇四子胤禛。

当所有的皇子都在拉帮结派、争夺皇位的时候，

胤禛却是一副富贵闲人的姿态……

重访《乾隆京城全图》(二排二行)

在《乾隆京城全图》第二排第二行里，有一条王大人胡同，1965年的时候，改成了北新桥三条。而咱们今天的故事，就要从"王大人胡同"这个名字说起。

这里曾经是镶黄旗领地，如今聚集了历史传奇：一个景山冤魂王承恩，一个得势小人张兰德，同为太监，他们为何命运如此不同；一个《红楼梦》里的林黛玉，一个《红楼梦》外的陈晓旭，尼姑庵到底有何魅力？

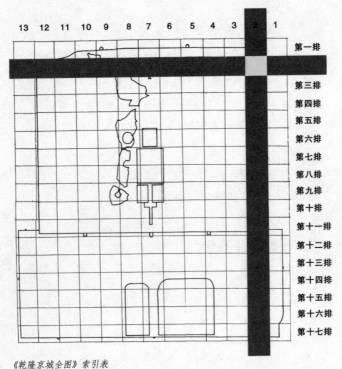

《乾隆京城全图》索引表

● **重访地点档案**

　重访位置：《乾隆京城全图》第二排第二行

　现在所属区域：东城区（东二环与北二环交界处）

　清代所属区域：镶黄旗领地

　重点重访对象：理亲王府、多罗贝勒允祁府、尼姑庵通教寺、前永康胡同德张宅、

　　　　　　　镶白旗炮局

景山冤魂：王承恩

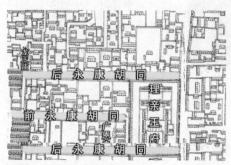

《乾隆京城全图》局部

在《乾隆京城全图》第二排第二行里，有一条王大人胡同，1965年的时候，改成了北新桥三条。而咱们今天的故事，就要从"王大人胡同"这个名字说起。

明末清初，恰逢乱世，沙场上战死了不少人，北京城里也冤死了不少人，罪魁祸首则是崇祯皇帝朱由检。他活着的时候，害死了忠君之臣袁崇焕，他临死之前，逼死了贤妻良母周皇后，直到他死了之后，还冤死了景山上的一棵歪脖子老树。

崇祯皇帝

众所周知，崇祯皇帝是在景山的一棵歪脖子树上吊死的。据说后来有人给这棵树拴上了铁链子，说是它杀了崇祯帝，罪不可赦。后来呢，老树死了，铁链子也没了，于是有人开玩笑说，这树是被冤枉死的。

其实在景山上，冤死的不是歪脖树，而是一位具有双重性格的大太监——王承恩。

王大人胡同，就是因王承恩而得名的。现如今胡同里的华侨委员会宿舍，在《乾隆京城全图》上，明显标注着其前身是理亲王府，但是您有所不知，在理亲王入住之前，这座宅子的产权人，正是那个吊死在景山上的大太监——王承恩。

华侨委员会宿舍

王承恩的性格是双面的：他欺下但不瞒上，忠君却不爱国，崇祯指西，他不敢往东，崇祯自杀，他不敢偷生。王承恩死的那年才三十五岁，当时他是唯一一个陪在皇帝身边的人。以至于崇祯临死之前气急败坏地说："你们这些大臣，吃国家的喝国家的，需要你们的时候却一个都找不着了，真是白养活你们了。"

就这样，大臣们贪生怕死纷纷降清、朱由检骂骂咧咧心有不甘，跟随他的唯一一个太监却从从容容，慷慨赴死，难怪后来的康熙皇帝会对王承恩敬重有加。英雄永远惺惺相惜，皇帝与太监之间，也不会例外。

同行是冤家：小德张

俗话说，同行是冤家，李莲英的冤家对头、隆裕太后的心肝宝贝儿小德张，就住在东直门北小街的前永康胡同。

在《乾隆京城全图》上，前永康胡同和后永康胡同，虽然有所标注，但是胡同里确实没什么太起眼的大宅子。事实上，早在明朝，这地方就出了名人，叫永康侯。

话说明朝初年，燕王朱棣拉了一票哥们儿篡位造反，结果还真成了，于是朱棣晋封了一批爵位，这永康侯就是其中之一。

前永康胡同一处院落

朱棣

这位大功臣到底住在胡同里的哪家院子，我们不知道，只知道清朝的大太监在这胡同里有个故居，产权人叫小德张，故居被人尊称为"德张宅"。

事实上，同行不怕，怕的是同岗。李莲英和小德张，都是慈禧太后的仆人，第一轮竞争上岗，小德张远远落在了李莲英后面，只配给慈禧当个跟班的。可是等到慈禧太后去世之后，第二轮竞争上岗的时候，新领导隆裕太后毫不犹豫地选择了小德张。谁说只有男人才喜欢年轻姑娘啊，隆裕老太后照样喜欢年轻小伙子，至于李莲英这位老同志，只好退休回家，安心养老去了。

小德张一时间成了内务府最有发展前途的中层干部，不过话说回来了，工作能力固然重要，但您这人品也得差不离吧。可惜小德张心眼不大，对昔日的竞争对手李莲英不依不饶，要银子、要房产，还想

小德张

要人家的命。"小德张"这个名字，在李莲英可以解释为：这小张真够德行的。

女人的另类归宿：针线胡同通教寺

您知道北京城里唯一一座至今还有人修行的尼姑庵在哪吗？就在我们今天重访的区域里，叫做通教寺。

在《乾隆京城全图》上，并没有标注出通教寺，但通过实地走访，我们确定这座尼姑庵就在针线胡同里。通教寺具体的修建时间没人能确定，比较统一的说法是始建于明朝，重修于清朝。

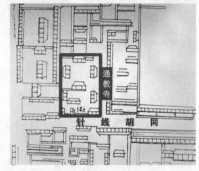

《乾隆京城全图》局部

这地方一直都是名不见经传，到了清末民初，甚至因为战乱而破败不堪。直到1942年，两个福建籍的尼姑四处筹集资金之后，才重修成了我们今天看到的通教寺。

"尼姑"这个称呼，具有典型的中国特色。其实"尼"在印度语里是对女人的统称，有尊贵的意思，不限于出家女性。而年轻的女僧人叫沙弥尼，年长的叫比丘尼。"姑"这个词就是咱中国特有的了，代表没结婚的处女。佛教传入中国以后，两种文化相融合，这才有了"尼姑"的称呼。

在这儿给您提个醒，见到女僧人，不要直呼为尼姑，其实这个词最早并没有不尊重的色彩，但是到了明朝，《辍耕录》里把尼姑列为了"三姑六婆"之一，

通教寺

重修后的通教寺内景

这就有了轻蔑之意。所以近代以来的女僧人，都不愿意被别人当面称为尼姑了。

康熙爷的老来子：多罗贝勒允祁

说起康熙皇帝的一生，大概可以总结为"三多"：平三藩、收台湾，这是功绩多；娶妻纳妾，老婆多，光登记在册的就有40位；再有就是老婆多导致的结果——儿子多！

这张图上最右边的建筑，就是康熙爷第二十三子——爱新觉罗允祁的宅子，原图上标注的是

《乾隆京城全图》局部

东直门中学

"多罗贝勒允祁府"。现如今这儿改成了东直门中学，已经不大能看出来清代王府的模样了。

过去皇帝生孩子，不受计划生育的限制，但是娶老婆，照样有清朝的"婚姻法"束缚着。按理说，一个皇帝只能娶一位皇后、一位贵妃、外加四妃六嫔，

康熙皇帝

再往下就是不计其数的庶妃、答应、常在。纵观清史，皇帝的治国能力和治家能力是成正比的，清朝末年的光绪皇帝，才娶了三个老婆，却没能结出一个果子来。而开创盛世的康熙爷，一辈子娶了40个老婆，生了24个儿子。这位皇二十三子允祁虽然不是最小的，但才比弟弟大一岁而已，也算是康熙的老来子了。生允祁那年，康熙老爷子59岁。掐指一算，这位小贝勒是9岁就没了爹，目睹哥哥们为了一把龙椅打得不可开交。或许也正是因为允祁岁数小，被雍正皇帝忽略不计了，这才平平安安活到乾隆五十年，去世的时候68岁，寿命和他的父亲康熙皇帝竟然是一样的。

在《乾隆京城全图》上能看出来，跟允祁贝勒的宅子只有一街之隔的，是履亲王府，现已经改建成了俄罗斯大使馆。而这位履亲王，就是康熙皇帝的第十二子——允祹。允祹虽然是康熙的儿子，但是在雍正登基以后才当上了亲王，从这位十二爷的职位升迁上能看出来，他跟雍正关系不错，在争夺皇位的时候，两人应该属于一个战壕里的，至少没结什么大仇，要不雍正一登基，杀了那么多的弟兄，怎么偏偏提拔了他呢？

八旗军火库：炮局胡同

"红衣大炮"您听着耳熟吗？我给您提个醒，电视剧《康熙王朝》里，当康熙皇帝祭祀南京朱元璋陵的时候，那个假冒的明朝朱三太子，就曾经想用红衣大炮实施谋杀行动，由此可见，这种大炮至少在康熙年间已经出现了。

事实上早在明朝，就进口红衣大炮了。清朝满人入关，内城八旗分治，各个管片儿都建了自己的炮局，相当于八旗的军火库，现如今东城区的炮局胡同就是由此得名的。胡同里原来有两个炮局，分别是镶白旗和镶蓝旗的。现如今这两座炮楼的遗迹并不是清朝原物，而是抗日战争时期修建的。

话说到这儿，我得问问您，红衣大炮的"红衣"究竟代表什么？我们找到了两种不同的说法。

红衣大炮

原装进口版：

这个版本说红衣大炮又叫"红夷大炮"，因为荷兰人的发色是红色的，而这些大炮都是从荷兰进口的，所以叫做红夷大炮，日后顺嘴了，才叫成了红衣大炮。

国内贴牌版：

有专家通过考证，得到另外一个结论，说明朝的大炮有一部分是从荷兰东印度公司进口的，但不是全部。到了清朝，清政府因为台湾问题跟荷兰关系紧张，所以大多数订单都是和在澳门的葡萄牙人签的。至

于为什么叫红衣大炮，据说是因为大炮进口到中国以后，不用的时候都盖上一块红布，有了中国的风格，这才得名"红衣大炮"，听着就跟现在贴牌代加工的意思差不多。

发现姚广孝墓塔

说起坟墓，大伙儿都知道，不就是埋死人的地方吗？但是墓塔和坟墓究竟有什么关系，又有什么区别？这地方除了一座宝塔之外，既没地宫也没坟冢，姚广孝的尸骨是否真的埋在这儿呢？

明朝的永乐皇帝朱棣，想必大家都不陌生。相传当年朱棣还在当燕王的时候，一个和尚跟他说："贫僧若能为殿下所用，定能为您奉上'白帽了'。"您听准喽，是"白帽子"可不是"绿帽子"。您想想，当时朱棣是藩王，"王"字戴个"白帽子"不就是"皇"吗？果不其然，17年后，一场靖难之变，朱棣当皇帝了。

公元1399年，一场靖难之变，把朱棣推向无底深渊，他谋朝篡位、迁都北京。2007年，真正的幕后黑手浮出水面，他三劝朱棣，举兵造反。当一个善于策划的大臣，碰上一个善于执政的皇帝，究竟是谁成就了谁？

在过去的节目里，我们带大家发现了不少古墓，什么公主坟、王爷坟，有孤苦伶仃的，也有家族合葬的。下边要寻找的目标，全称叫姚广孝墓塔，在哪呢？房山区常乐寺村。

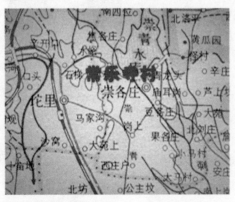

常乐寺村地理位置图

姚广孝墓塔

常乐寺村倒是不难找，但是外人进村得规矩点，这地方的狗挺负责任的，各管一片儿。正所谓舍不得孩子套不着狼，当《这里是北京》摄制组的"战车"冲出恶狗的包围之后，大老远就看见了我们此行的发现目标——姚广孝墓塔。

房山区常乐寺村

● **姚广孝在京档案**

姓　　名：姚广孝

籍　　贯：江苏

出生日期：1335年（14岁出家当和尚）

自　　号：逃虚子

享　　年：83岁

最崇拜的人：元朝开国元勋——刘秉忠

杰出贡献：策划并推动靖难之变，协助燕王朱棣夺取皇位

说起坟墓，大伙儿都知道，不就是埋死人的地方吗？但是墓塔和坟墓究竟有什么关系，又有什么区别？这地方除了一座宝塔之外，既没地宫也没坟冢，姚广孝的尸骨是否真的埋在这儿呢？

御制荣国公神道碑

这块石碑上边写着"御制荣国公神道碑"。这荣国公，指的就是姚广孝。而这"神道"二字，才是问题的关键所在。

什么叫神道呢？其实就是铺设在陵墓前的一条大道，象征着从阳间通向阴间。有神道必有陵寝，也就是说，当年姚广孝就是葬在这儿的，确切点说就在石碑后面不远的地方。

神道

明清陵寝咱见过不少，拿十三陵来说，神道两边都立着石人石马，您知道这是为什么吗？用一句话概括叫"视死如视生"，就是说咱中国人对待死亡就像对待重生一样，活人该有的，死人一样都不能少，包括车马奴仆，这才有了这些象征性的石像。所以我们推测，以姚广孝当年的社会地位、生活水平以及工作业绩，当年这神道两边也应该是人畜兴旺的。

一块神道碑，证实当年姚广孝确实是葬在这儿的，但是，还有一个疑问：十三陵也好，清东陵、清西陵也罢，没见过谁的陵墓上立起一座宝塔的，姚广孝的墓却是个例外，您知道这是为什么吗？

北京西长安街上，过去有一座庆寿寺，又叫双塔寺，大概位置就在电报大楼西边，当年因为要修西长安街，庆寿寺才被拆除了。可以毫不夸张地说，正是这座寺庙成就了姚广孝。

生于江苏医药世家的姚广孝，从小不爱学习，但还挺有理想，不愿意通过科考当官，但坚信自己这辈子肯定会出人头地。他十四岁就出家当了和尚，云游四海，寻找就业机会。姚广孝属于唯恐天下不乱的

马皇后

人，他对朱元璋打造的太平盛世非常有意见，坚信乱世才能出英雄，而这个英雄就是他自己。

直到1382年，朱元璋的老婆——马皇后去世了，姚广孝乐了。因为朱元璋要挑选天下高僧，派他们协助各位藩王为马皇后建庙纪念，于是姚广孝报了名，并且顺利通过海选、初赛、复赛，最终进入了总决赛。在即将签约之际，姚广孝一眼就看上了燕王朱棣，决定投在这个新东家的门下。没想到，朱棣反倒老大不愿意，为什么呢？因为姚广孝长得实在是太难看了。长得丑不是您的错，但是跑出来吓人就是您不对了。不过姚广孝跟朱棣说："我要是辅佐您，保证能送您一顶'白帽子'"，您听准了，不是绿帽子，而是"白帽子"。您想想啊，"藩王"的"王"字上边加一个"白"，不就是"皇帝"的"皇"吗？朱棣一听，靠谱！跟我走

朱元璋

吧。就这样，姚广孝被朱棣带回了北京，修起了西长安街的庆寿寺，从此这里也成了姚广孝生前唯一的居住地点。

姚广孝长得难看，有多难看呢？话说姚广孝出家之后，云游四

海，到了河南嵩山少林寺，碰上一个相面大师，叫袁洪。袁洪一看见他，就惊叹道："我的妈呀，如今太平盛世，怎么还有长得这么奇怪的人呢？一双三角眼，长得跟病猫似的，骨子里却透出老虎一样的杀气，以后肯定是个善于谋划的人。"

您琢磨琢磨，朱棣打小就是少爷，没见过什么三教九流，见到这样的人，能不闹心嘛。闹心归闹心，朱棣还是把姚广孝带回了北京。而当年的燕王府，就在现在的北海、中海一带。

从此之后，姚广孝一边修庆寿寺，一边泡在燕王府进行着另外一项艰巨的任务——撺掇朱棣造反。当然，朱棣本身就不安于现状，只不过

朱棣

有贼心没贼胆。而姚广孝则属于能把死人说活的那种，他愣是告诉朱棣："我给你算过命了，你造反肯定能成功。"有一次俩人对对联，朱棣顺口说："水无一点不成冰。"姚广孝赶紧接过来对下联："世乱民贫，'王不出头谁做主'。"

话都说到这份儿上了，朱棣还是犹豫不决，姚广孝就差说自己是玉皇大帝派来助他称帝的了。

相传有一天，姚广孝拉着朱棣微服出宫，找地方喝酒去了。就在一小饭馆里，俩人喝得正美呢，进来一个老头，扑通就给朱棣跪下了，说，殿下怎么能这么不爱惜自己的身体呢？朱棣纳闷：你怎么能看出来我是王爷呢？老头儿说了，我是相面的，您光辉四射，我一眼就看出来了。就这样，老头被带回了燕王府，朱棣接着让他给自己相面，结论是朱棣有天子之相，篡位登基是众望所归。朱棣一听这话，立马就坚定了起兵造反的决心。

故事讲到这儿，您得问了，那相面的老头儿是谁啊？刚才讲过，有个叫袁洪的相面先生，说姚广孝长得像只病猫，但透着老虎的杀气。

建文帝

哎！给朱棣相面的这个人，就是袁洪。他早就跟姚广孝商量好了，导演了这出戏，换句话说，朱棣被这俩人给忽悠了。

姚广孝之所以撺掇朱棣造反，并不是他有"自我认知性障碍"，而是他真的有能力帮朱棣夺取皇位。朱棣造反之后，甭管大仗小仗都打得挺顺利，一路冲出居庸关，直到围攻济南的时候，碰到了麻烦，愣是三个月都没能拿下。就在此时，姚广孝一封书信把朱棣叫回了北京。您见过这么听话的领导吗？朱棣就是。正是因为他足够听话，才能取得最终的胜利。

姚广孝说了，您甭跟济南较劲，改朝换代向来都跟老百姓没关系，最关键的是得把建文帝先拿下，"擒贼先擒王"嘛！就这样，朱棣在姚广孝的指挥之下，绕开大中城市，直扑南京，果不其然，南京攻克之后，大明的江山已经一大半攥在朱棣的手里了。

话说朱棣登基之后，要给姚广孝加官进爵，没想到却被他拒绝了。老爷子活了这么大岁数，深知狡兔死、走狗烹的道理，按咱们现在的思路就是：项目完成了，策划人也就没用了。真到论功行赏的时候，

九级墓塔（局部）

姚广孝墓塔

僧，而且是个"高人"。

昔日的合作伙伴往往会反目成仇。而姚广孝墓地上的宝塔，既是他僧人身份的象征，也是他人生观的体现。

就这样，姚广孝以僧人的身份，给朱棣做了一辈子策划人，去世时已经是83岁高龄了。能落得名利双收、善始善终，实属不易。现如今朱棣尚且背负着谋朝篡位、滥杀无辜的骂名，而作为靖难之变的幕后操盘手姚广孝，却被人神化成了诸葛孔明式的人物。如今这座屹立在姚广孝墓地上的九级宝塔告诉我们，他不仅是位高

投机分子（下）

众所周知，雍和宫原来是雍亲王府，住着康熙皇帝的皇四子胤禛。当所有的皇子都在拉帮结派、争夺皇位的时候，胤禛却是一副富贵闲人的姿态……

对于清朝历史上一些风云人物来说，一辈子就像博彩，有人中大奖，有人是赔了夫人又折兵。成功与否的关键在于您选的投注对象对不对，赌博的心态好不好。

前面苏克萨哈出卖多尔衮之后，唯一赢得的就是顺治的心，但是顺治早亡，从此苏克萨哈可以说是在官场的夹缝里生活，孝庄太后因为多尔衮的事儿烦他，鳌拜看不起他。最后苏克萨哈被鳌拜陷害，含冤而死，孝庄也坐视不管。而范文程算是投注投得比较准的，投靠大清，为他赢来了后半辈子的荣华富贵。至于安德海，属于有野心的，桌面上的筹码够丰厚了，他才下手，而这个筹码就是慈禧太后。可惜啊，乐极生悲，自己给自己玩进去了，结果因为私自出宫，在山东被杀了。这才明白，慈禧根本不是他的靠山，关键时刻人家才不替他出头呢。接下来咱再看看下面即将出场的三位彩民，面对人生博彩，态度又如何。

● 四号彩民

姓　　名：隆科多

出生日期：不详

死　　于：1728年

身　　份：雍正继位秘密的唯一知情者

投机类型：慷慨就义型

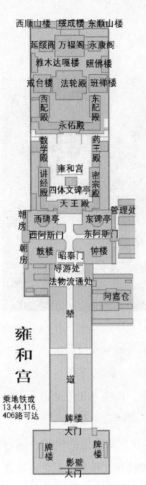

雍和宫地图

西顺山楼 绥成楼 东顺山楼
延绥阁 万福阁 永康阁
雅木达嘎楼 照佛楼
戒台楼 法轮殿 班禅楼
西配殿 东配殿
永佑殿
数学殿 药王殿
讲经殿 雍和宫 密宗殿
四体文碑亭
天王殿
朝房 西碑亭 东碑亭 管理处
西阿斯门 东阿斯门
鼓楼 昭泰门 钟楼
朝房 导游处
法物流通处
阿嘉仓
辇
道
牌楼
大门
雍和宫
乘地铁或
13.44.116.
406路可达
牌楼 牌楼
影壁
大门

众所周知，雍和宫原来是雍亲王府，住着康熙皇帝的皇四子胤禛。当所有的皇子都在拉帮结派、争夺皇位的时候，胤禛却是一副富贵闲人的姿态。

胤禛党羽不多，表面上与世无争，实际上亲信都是精挑细选，隆科多就是其中之一。

雍和宫

当时的隆科多身为步军统领，又叫九门提督，相当于现在北京卫戍区和治安部门的最高长官。就是这么一个关键人物，面对十几位皇子，站在哪个队伍里，成了至关重要的问题。最终隆科多把目标锁定在了雍亲王府，购买了四皇子胤禛这张彩票。是有眼光也好，是瞎蒙也罢，总之这一对主仆珠联璧合，一手打造了让人匪夷所思的继位之谜。

话说到这儿，这位隆科多大人究竟在雍正继位的过程当中干了什么呢？

雍正皇帝

首先，1722年一个寒冷的冬夜里，68周岁的康熙皇帝在畅春园去世之后，隆科多是唯一一个传达继位圣旨的大臣，而他所传达的圣旨是真是假，至今没有定论。

康熙皇帝

其次，康熙去世之后，胤禛下令连续六天关闭京城九门。作为九门提督的隆科多，这会儿要是不配合，谁都没脾气。

第三，康熙的遗体是用轿子抬回皇宫的，而且胤禛下令秘不发丧。然而作为当时的见证人之一的隆科多手握重兵，此时他要是不跟胤禛一条心，那么历史很可能被改写。

康熙皇帝算计了大半辈子的皇位继承问题，就这样在六天之内尘埃落定了。皇四子胤禛摇身一变成了雍正皇帝，而唯一知道遗诏真相的隆科多，也得到了可观的封口费，成了显赫一时的政治暴发户。

雍正不愧是个成功的统治者，当隆科多有利用价值的时候，他可以屈尊称其为舅舅，说他是功臣、良臣、出类拔萃之稀有大臣，溢美之词能让人酸掉大牙。然而隆科多并没有因此而冲昏头脑，他清醒地知道"白帝城受命之日，即是死期将至之时"，也就是说，传达遗诏的那一天，隆科多就预料到了自己的死期。

果不其然，雍正三年，还没把皇帝宝座焐热的胤禛，就开始对隆科多动手了。俗话说"欲加之罪，何患无辞"，对于隆科多这样的当朝权臣而言，想找出点"不敬之罪"，比吃饭还容易。就这样，审查三年之后，最后裁决隆科多罪名四十一条，囚禁在了畅春园外的一座破房子里，整日吃喝拉撒睡尽在其中，屋内臭味熏天。结果不到半年，隆科多就扛不住了，雍正六年，这位红极一时的博彩高手离开了人世。可敬的是，当年下注的时候，他就预料到了自己的最终结局。

买一张彩票，如果没中奖，大不了赔两块钱，但是在政坛上博彩，如果投错注，那赔进去的就不只两块钱了。不过话又说回来了，买对了彩票，下半辈子就不发愁了吗？也不尽然，苏克萨哈死了、安德海死了、隆科多也死了，问题在于，一场博彩，庄家是谁？纵观历史您会发现，对于这些清朝政坛上的赌徒而言，庄家永远是胜利者。

● 五号彩民

姓　　名：胜保

出生日期：不详

死　　于：1863年

身　　份：慈禧垂帘听政的鼎力支持者，辛酉政变的幕后黑手之一

投机类型：宁折不弯型

朝阳门内大方家胡同的桂公府，想必大家都不陌生，这是慈禧太后的亲弟弟——桂公爷桂祥的宅子。然而事实上在桂祥之前，这里还有一位产权人，虽然不太知名，但却是慈禧太后命里的贵人，这就是当时兵部的第二把手，右侍郎胜保。

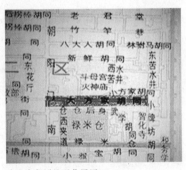

大方家胡同地理位置图

桂公爷桂祥

话说咸丰皇帝病死热河，慈禧太后带着一个穿开裆裤的同治开始四下寻找权力支柱。而在肃顺眼里，这个头发长见识短的家庭妇女掀不起大风大浪来，但是事实证明他判断错了，错就错在忽视了女人的魅力。

先是安德海冒死赶回京城，到恭王府给报信，奕訢连夜赶往承德。紧接着在山东手握重兵的兵部右侍郎胜保，嚷嚷着要到承德"清君侧"。

辛酉政变的结果众所周知，八大辅臣被除，慈禧垂帘听政。其中的三个关键人物都得了好处：安德海成了安大总管，恭亲王当了首辅军机，胜保也从兵部右侍郎变成了左侍郎，也就是说第二把手变成第一把手了。

胜保的结局，没有什么悬念，也是以死告终。难得的是，慈禧太后念他早年有功，赐他自尽。至于罪名，总逃不了俗套，无非就是贪污受贿、任性骄纵之类。

其实转念一想，当年所有帮了慈禧太后的人，最终下场都不过如此，安德海死了，恭亲王辞职了，至于胜保，虽为武将，骨子里还有点文人的臭脾气，宁折不弯，一死了之。三个当朝的红人都纷纷撤出了赌局，但慈禧设的赌局永远不会冷清，无数的赌徒仍然趋之若鹜往里投注，至于前车之鉴，对于他们来说，不过是愚昧之人的下场罢了，似乎没人愿意把这种丧气的事情揽在自己的身上。

好赌的人，永远不会想自己输了怎么办，他们永远觉得失败是别人的事情。而作为庄家的慈禧太后，总是以微小的利益把可利用的人吸引到身边，等到没用了，就马上让他们倾家荡产，然后踢出赌局，安德海、恭亲王，还有胜保都是被踢出局的人。但是接下来出场的这位，就要比他们幸运多了。

● 六号彩民

姓　　名：和珅

出生日期：1750年

享　　年：49岁

身　　份：乾隆皇帝最宠幸的大臣，清朝第一大贪官

投机类型：攻心战术型

　　和珅出生在西四北八条，也就是现在的礼路胡同。三岁那年，这孩子就没了娘，他爹官儿不大，但成天挺忙，扔下和珅和弟弟和琳，成了留守儿童。

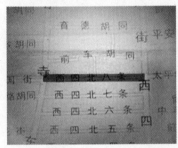

西四北八条地理位置图

礼路胡同

　　但架不住俩孩子争气哪，连续几年的三好学生，最终考进了北京城里最贵族的重点学校，教学楼就是紫禁城里的咸安宫。清朝的咸安宫就在武英殿旁边，因此西安门成了和珅上学的必经之路。我们可以想象一下，当和珅的同学们上下学都车接车送的时候，和珅兄弟俩心中的落寞是可想而知的。或许正是童年的贫寒，刺激了他对金钱的敏感，正是父爱的缺失，促成了他与大他三十九岁的乾隆皇帝之间的忘年之交。

　　富贵荣华对于和珅来说，见识过却没享受过，正是童年的刺激，使和珅的野心不仅仅限于榜上题

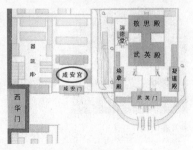

紫禁城咸安宫地理位置图

名、功名利禄，他要的是一步登天。他一生中购买的第一张也是唯一一张彩票，就是乾隆皇帝。

众所周知，乾隆是个自恋的人，这种人很难找到志同道合者，但一旦找到了，就如胶似漆，甚至可能发展出畸形的感情来，和珅就是他要找的人。

和珅所采用的是攻心战术，从书法到诗词，关于乾隆皇帝的一切，都被他烂熟于胸。民间传说，说因为和珅长得像乾隆的一个宠妃，而且他的生日和这个妃子的忌日是同一天，并且两人的脖子上同一个位置都有一颗痣。其实传说也好，巧合也罢，乾隆对和珅确实已相当的信赖，而且似乎掺杂着知己一样的爱慕。所以年长和珅三十九岁的乾隆，死活要把自己最宠爱的十公主嫁给和珅的儿子丰绅殷德。原本是两代人的乾隆与和珅，最终却成了亲家。

和珅贪钱，这是地球人都知道的，乾隆皇帝也知道。有人说乾隆之所以坐视不管，是为了借和珅的手给儿子嘉庆积累点家产，这才有了"和珅跌倒，嘉庆吃饱"的说法，此话有理。但是换个角度来说，乾隆对和珅的偏爱，并非因为他是多大的功臣，更多的是因为两人互为知己，心有灵犀。所以嘉庆登基之后，貌似老糊涂的乾隆心里明白，随着自己命不久矣，和珅也活不了几天了。

和珅被嘉庆赐死了，享年49岁。乾隆并不糊涂，他应该预料到自己去世之后，嘉庆会对和珅动手，但作为太上皇，他没有赏给和珅任何能够免死的东西，连一张手谕都没留下。有人说这是乾隆故意的，他知道和珅是祸害，但我们的编导却产生了另外一种感悟：或许乾隆皇帝内心深处，正希望和珅这位知己能够到另外一个世界去继续陪他聊天下棋呢。

嘉庆皇帝

重访《乾隆京城全图》(五排六行)

地安门西大街的恭俭胡同，
估计您诸位都不陌生。
其实早在清朝乾隆年间，这地方叫"内官监胡同"。

发现谭鑫培故居

话说光绪年间，京剧行当里最流行的两句话就是
"四海一人谭鑫培"和"无腔不学谭"，
这说的是谭鑫培的唱法在业内受到了追捧。
就连一位圈外人都屁股后头追着谭先生要拜师学艺，
谁呢？李莲英！

关公的五大魅力(上)

关帝庙，是老百姓最信得过的寺庙，
大大小小二百多座。话说到这儿，
该有人问了：这关帝庙到底是求什么的啊，
为什么会有这么多呢？

"荒唐皇帝"朱厚照

北海西墙外爱民街，曾经是明朝豹房的所在地，
这里一度容纳了朱厚照的两种最爱——猛兽和女人。

重访《乾隆京城全图》(五排六行)

地安门西大街的恭俭胡同，估计您诸位都不陌生。其实早在清朝乾隆年间，这地方叫"内官监胡同"。

一讲明清历史，最受关注的有三类人：皇帝、妃子、太监。其实仔细琢磨，正是这三类人组成了一个大家庭，而且基本结构跟我们寻常人家是一样的。皇帝是男主人，后妃是女主人，而太监呢，搁有钱人叫管家，搁咱寻常老百姓家里就叫保姆。从前咱们一讲太监的故事，永远出不了紫禁城，离不了男女绯闻。难道这太监就不干正事吗？当然不是，今天咱们重访北京城的目标，就是紫禁城外一处汇集了太监和后妃诸多故事的地方。

56

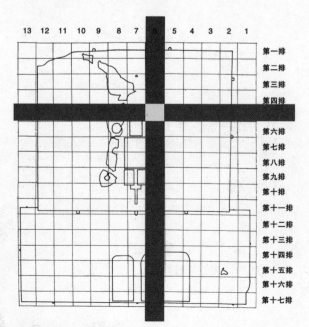

《乾隆京城全图》索引表

郑和做官：恭俭胡同

恭俭胡同地理位置图

地安门西大街的恭俭胡同，估计您诸位都不陌生。其实早在清朝乾隆年间，这地方叫"内官监胡同"。

明清时期的太监，相当于国家的后勤部，主管主子们的吃喝拉撒睡、行动坐卧走。别看太监都没什么文化，这后勤部却是管理科学、分工明确，内官监就是其中一个分支机构。

太监这行，打唐代就有了，林子挺大，却没飞出过什么好鸟。明有魏忠贤、清有李莲英，除了伙同大臣行贿受贿，就是勾搭宫女制造绯闻。都说"行行出状元"，难道太监行里真就没有干正经事的人吗？当然有！"三保太监"郑和就是一位。

话说到这儿您先别撇嘴，

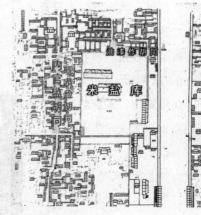

《乾隆京城全图》局部

咱不给他树碑立传，单说说这位朱棣的保姆、明朝的管家，是怎么给皇帝排忧解难的。

郑和

郑和原本不姓郑，而是姓马，叫马和。他十二岁净身之后，就开始跟着燕王朱棣混。直到一场篡位的演出取得空前成功之后，朱棣当了皇帝，昔日帮忙的哥们儿都成了功臣，马和就是其中之一。于是朱棣给马和赐姓，这才改成了郑和。与此同时，朱棣还把他调到了内官监，级别是四品。

明朝有二十四衙门，其中分为十二监、四司和八局，内官监就是十二监之一，主要负责管理中央木工、瓦工、石工、油漆工等等，所以在《乾隆京城全图》上能看出来，离内官监胡同不远，就有一条油漆作胡同。

按照现在的级别分析，内官监应该属于局级单位，而明朝十二监里，每个部门都只有一个四品太监。如此推论，郑和应该是内官监的领导，相当于现在的司局级干部了。

内官监地理位置图

众所周知，朱棣的心病，就是在南京大火中失踪的建文帝朱允炆，他一天下落不明，朱棣的皇位就一天坐不踏实。

《明史·郑和传》明确写着朱棣"疑惠帝亡海外，欲踪迹之"，也就是说朱棣怀疑朱

内官监胡同一景

允炆流亡海外，想要派人去找。更令人不解的是，郑和下西洋可以算是外交行为，也可以算是对外贸易，但是跟着出海的却都是军人。所以后人推测，郑和航海，名为"开放搞活"，实为"海外擒王"，如此机密的事情，朱棣居然交给郑和来做，可见哥儿俩的情分了。

2004年南京的《金陵晚报》曾经刊载过一篇文章，说南京大学的侯群教授从清朝康熙年间的一本叫《罪惟录》的史集中，发现了一段文字，大概意思是说，建文帝出逃以后，四处流浪，路上还没耽误娶妻生子，最后隐居在福建雪锋寺里，等郑和下西洋回来之后，俩人在寺里见面了。建文帝劝郑和造反，推翻朱棣的统治，但是郑和没答应。这段记载是传奇还是事实，我们拿不准，希望电视机前对此有研究的观众能够联系我们。接下来，咱们来讲讲，哪个部门的太监收入水平比较低呢？

低收入水平：慈慧胡同 司设监

在《乾隆京城全图》上，有一条胡同标明是"慈慧殿"，但是我们从这里看不出任何殿宇寺庙的模样来。难怪史书上记载：慈慧殿建于明万历年间，规模不大，解放前只有几个和尚。

现如今慈慧寺已经改叫慈慧胡同了，通过调查得知，这里曾经和恭俭胡同一样，是明朝十二监之一——司设监的所在地。胡同里这座颇具

规模的宅院，很可能就是当年的遗址了。从时间上推断，慈慧殿建于明朝万历年间，后来才并入了司设监。而到了清朝初年，司设监取消了，慈慧殿才恢复了原来的身份，所以在《乾隆京城全图》上，我们只能看到"慈慧殿"的标注，而找不到司设监的痕迹了。

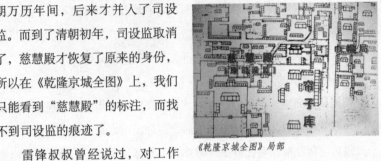

《乾隆京城全图》局部

雷锋叔叔曾经说过，对工作要像夏天一样火热。但是司设监的太监们似乎不太可能有什么工作热情。这个部门的太监，专门负责管理皇宫里的雨伞、蚊帐、被褥之类的生活用品，"司设"嘛，顾名思义，就是管理宫里各项生活设施的。正是因为工作需要，司设监周围建有帘子库、巾帽局之类的分支部门，真赶上紫禁城内部装修，皇帝妃子们换个窗帘床单什么的，还能提高点工作效率。真忙起来，事无巨细挺累不说，没权没钱没地位。跟同行一比，还没面子。我们不禁要问，这太监和太监的差距咋就这么大呢？

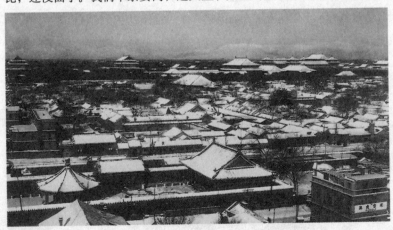

故宫雪景

《西游记》相信您都看过，孙悟空为什么大闹天宫啊，就因为玉皇大帝骗他当了个弼马温，让咱猴儿哥跌份儿了。其实孙悟空管理的部门挺有权的，叫"御马监"，不光天上有，明朝也设有这个部门。御马监算是十二监里权力比较大的，不仅管养马，还负责发通行证什么的，差不多相当于现在的交通管理部门。所以我们说孙悟空是个"小小的弼马温"不太准确，但是话说回来了，他要是知道司马监一向都是由太监掌管的，估计还是得大闹天宫。

后宫亡魂：吉安所

准确地说，在《乾隆京城全图》第五排第六行这片区域里，只涵盖了吉安所的右半部。而它左边的这条街道，就是现在景山后面的吉安所右巷了。

吉安所最早叫"吉祥所"，名字听着挺喜兴，但实际作用却是个停尸间，又叫停灵所。众所

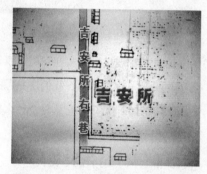

《乾隆京城全图》局部

周知，皇帝老婆多，但再多也得论资排辈。后妃们不分老大老二，而是分为皇后、皇贵妃、皇妃、妃，这算是级别高的，去世之后，都在紫禁城里诵经发丧，而妃往下还有嫔、贵人、常在、答应，以及数不胜数的宫女，这些女子去世之后，都要运到吉祥所，也就是现在的吉安所，举行追悼会。据说直到清朝末年吉安所的职能都没变过。因此说这地方是皇家停尸间还是比较准确的。

出殡老照片

话说到这儿有人该好奇了，这么个阴气十足的大宅子，现如今是什么地方，谁有这么大胆儿住在里面呢。

我们在吉安所左巷的西边找到了右巷，由此可知，左右两个胡同之间，就应该是吉安所确切

的位置了。据说现如今还保存下来三组大殿，但都围在高墙之内，谢绝参观。从《乾隆京城全图》上能看出来，吉安所的面积很大，将近两万平米，如今很可能一直被机关单位使用，至于内部的构造，已经无缘一见了。

吉安所左巷8号，曾经是毛主席的故居。当年他刚到北京，在北大图书馆里当管理员。其实在《乾隆京城全图》上，吉安所左巷还有一个名字，叫做司礼监胡同，我们所熟悉的明朝太监魏忠贤、刘瑾都是在司礼监工作的，那司礼监究竟是个什么样的部门呢？

宰相下岗：司礼监胡同

上面咱说过的停尸房吉安所，早在明朝的时候是司礼监的办公地点。

司礼监是各监中权力最大、油水儿最多，当然也是最操心的一个部门。小到叫皇上起床，大到代写皇帝口谕，都是司礼监的职责。明朝之所以要设立这么个部门，就是为了让太监牵制大臣。但这话得两头说，自打大太监刘瑾掌管司礼监之后，大臣们是牵制住了，但太监们的势力却大得越来越没边儿了，有多大呢？这么说吧，当时在明朝，文武百官所有要上奏给皇帝的报告，都得从司礼监走。也就是说，刘瑾要不点头儿，您都跟领导对不上话。

司礼监和内阁之间，开始是相互牵制，到后来就变成了水火不容。宰相的权力被太监篡夺了，这不是砸人家饭碗嘛！再加上明朝的司礼监太监确实是胡作非为，就这样，大臣和太监之间形成了一种不可调和的矛盾。

司礼监胡同一景

相传一天上早朝，刘瑾陪着皇帝朱厚照往大殿里走，在台阶上发现一封匿名信，这信里揭发了刘瑾的种种罪状，朱厚照一看，根本没当回事儿，顺手就扔给了刘瑾。

而刘瑾呢，他是个能吃亏的人吗？当然不是。刚一下朝，刘瑾就大发淫威，让文武百官跪在殿前，从早上一直到天黑，还不给吃不给喝。据说当时的兵部主事，也就是国防部科长陆伸，还有顺天府推官，也就是京城地方法院法官周臣焦，愣是给渴死了。

明朝的太监把行业名声都给败坏了，以至于到了清朝，吸取前朝的宦官祸国之鉴，太监的地位一落千丈，不许读书识字、不许

朱厚照

过问朝政。到了清朝末年，太监才有了点人格尊严，但慈禧太后许给李莲英的也无非就是一些车子、房子、银子而已，再有就是类似于"害死珍妃"之类的黑锅了。其实李莲英也是个靠本事吃饭的人，论性格和智商，比较适合在现代社会做销售经理，万贯家财全凭一张巧嘴和一张貌似慈厚、还略带悲剧色彩的面孔了。

无家可归的李莲英：黄化门胡同19号

现如今说起黄化门，指的就是黄化门胡同，事实上，早在清朝，

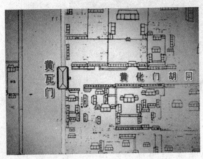

《乾隆京城全图》局部

胡同口真的立有一座大门。话说原来景山外有两座雁翅楼，接着两道黄瓦红墙，因为这堵墙在皇城里边，所以老百姓称之为"里皇城"，把墙上开的大门就叫黄瓦门了。

那会儿北京城里的外地人就不少，南腔北调哪都有，再加上咱北京人自己说话也舌头懒，所以黄瓦门经常被念成"黄化门"或者"黄华门"，到了光绪年间，叫法实在乱得惨不忍听了，这才统一叫成"黄化门"了。

相传黄化门19号是李莲英的宅子。说起这处房产，不是买的，不是送的，也不是抢的，而是李莲英哭穷哭来的。

李莲英

黄化门胡同19号

话说慈禧西逃回到北京之后，颇为感慨地说了一句："终于到家了。"话音儿还没落地，李莲英的膝盖先落地了，他一把鼻涕、一把眼泪地说："奴才是无家可归啊。"慈禧一听，这叫一个心疼啊，得了，黄化门

那一百多间房子就给小李子吧！这才有了后来19号的李宅。不过话说回来了，作为太监，在职期间不得私自离开紫禁城，所以"无家可归"是正常的，这么低级的借口，慈禧居然就接招儿了，可见女人在感情面前通常智商不高。

讽刺的是，李莲英本来是以无家可归为由，变着法儿地跟慈禧要房子，现如今倒好，李莲英故居多得让人难辨真假，想必他本人要是活着，仍然会有无家可归的感觉，根本原因就是宅子太多，找不着家门了。

溥仪的灵魂向导：油漆作胡同 庄士敦宅

《乾隆京城全图》局部

油漆作胡同，听名字就知道是个负责紫禁城里粉刷工程的地方，但是在清朝末年，这条胡同却因为一个外国人出了名，这就是被溥仪誉为灵魂向导的外教——庄士敦。

庄士敦之所以能给皇帝当家教，最重要的原因是清廷想利用他外国人的身份来保护紫禁城的安全。

相传当年庄士敦刚进宫，不懂规矩，没给太监们打赏儿，结果人家半道上拦了他的路，当面跟他要赏钱。没想到东方人的规矩遭遇了西方人的率真，还真是麻烦，庄老师说给钱可以，但您得给我张收据，太监一听这话，一赌气钱也不要了。幸亏日后一直有溥仪给庄士敦撑腰，要不照规矩，这帮吃了哑巴亏的太监们，指不定得怎么给天

庄士敦

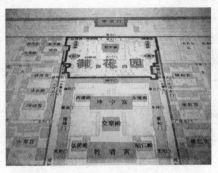

御花园地理位置示意图

真单纯的庄士敦小鞋儿穿呢。

政局动荡的时候，朝廷就把庄士敦请到紫禁城的御花园居住，其实就是来护驾的，至少英国人看在庄士敦的面子上，不会轻易伤害溥仪。

世道好点儿了，庄士敦算是护驾有功，也为了能就近上班，内务府在油漆作胡同一号，给庄士敦新分了套宅子，从这儿走着到紫禁城也就十来分钟的路程。现在的油漆作胡同1号，站在大门口就依稀可见当年的豪华气派，雕梁画栋依稀可辨，想必当年的墙面漆的质量比现在的要好很多。老街坊对这座宅子原先的格局历历在目，听说院子原本特宽敞，汽车都能进进出出，如今小

油漆作胡同1号

厨房、储藏室盖了不少，月亮门挤在其中，证实着这座老宅院儿当年的高贵身份。

地安门内大街35号

和北京的很多大宅门相似，庄士敦的宅子横跨了两条胡同，后门的门牌号是地安门内大街35号。说起来后门比正门更有庄士敦特色，典型的西洋建筑风格时刻提醒着我们，这位摇头晃脑、吟诗作赋的老夫子，是个西方人。

发现谭鑫培故居

话说光绪年间，京剧行当里最流行的两句话就是"四海一人谭鑫培"和"无腔不学谭"，这说的是谭鑫培的唱法在业内受到了追捧。就连一位圈外人都屁股后头追着谭先生要拜师学艺，谁呢？李莲英！

现如今人要想出名，途径很多，参加选秀的那算是走正道，除此之外，逮谁骂谁的、自曝隐私的、挑头吵嘴架的，再有就是偷窥偷拍的，都能出名，想出名的追着媒体，出了名的躲着媒体。今天我们尝试在娱乐圈里寻找一片难得的净土，关注一下中国影视界的第一位男影星。

谭鑫培先生作为中国第一部电影《定军山》的男主角儿，是名副其实的国内第一影星。但是您有所不知，就是这么一位影帝级的人物，当年出演电影仅仅是玩票而已，人家的本职工作是唱京剧，身份地位以及待遇都跟现在的歌星差不多，下边我们来了解一下谭鑫培的个人档案。

谭鑫培

姓　　名：**谭鑫培**

人　　称：小叫天

出生日期：1847年4月23日

来京时间：1857年

享　　年：70岁

籍　　贯：湖北

职　　业：京剧演员

68

　　话说谭鑫培十岁那年一进北京就独闯娱乐圈，入了戏班学老生。俗话说虎父无犬子，父亲谭志道素有"叫天"之称，所以谭鑫培才被称为"小叫天"。为了寻找到一个好的学习环境，父子俩一进京，就在戏园子扎堆儿的地方置办了一套房子，哪儿

大栅栏

呢？大栅栏啊。什么广德楼、庆乐园、三庆园、广和园、同乐园，早年间北京最著名的戏园子都在这儿。我们今天要寻找的谭鑫培故居，自然而然也就锁定在了大栅栏一带。

　　不过话说回来了，大栅栏地方大了，咱们奔哪呢？一通打听愣是没人知道。幸亏碰上一个明白人，缩小了我们的寻找范围，目标被锁定在了铁树斜街。

铁树斜街

我们终于找到了今天的发现目标——大外廊营1号。经过询问我们得知，这里居住的是谭鑫培的第五代孙女谭凤珠。

谭凤珠说，原来谭家的宅子有一千多平米，而现在真正住着谭家人的就只有这两间了。除了北面的后墙曾修过一次之外，其他地方还都是原来的模样，可见当年的房子有多么结实。

谭家内景

在院子里我们找到了谭鑫培先生当年的工作室兼化装间，大伙儿也管这儿叫谭家的私人后台。现如今的影视演员参加演出，服装是剧组的，珠宝是赞助的，出席个晚会现场，身边十几个保镖都是保护这身借来的行头的，这点就跟谭鑫培先生拉开距离了。凡是上点档次的服装行头，都是人家自己置办的，就放在这栋二层小楼里。而如今我们也无缘领略当年的风采，只能在外面望而兴叹了。

二层小楼

当年谭鑫培先生所处的京剧界，相当于现在的歌坛。如今歌星一红，必定独创一种特色的唱法，不少人就跟着学，学王菲捏着鼻子哼哼，学周杰伦的大舌头，学张靓颖的海豚音，学杨昆的烟酒嗓，脚底下还得碾一烟头。这是现在，而一百多年前的京剧界也不例外，但谭鑫培先生比他们都牛，除了四九城的"粉丝"

拴马桩

马车上的谭鑫培

之外，紫禁城里的人都争着学他的做派。谭鑫培的故居前，至今还保留着这个大人物的专用停车位。门口的这个拴马桩，就相当于现在的停车位，这可是紫禁城里的一位大人物专用的。

话说光绪年间，京剧行当里最流行的两句话就是"四海一人谭鑫培"和"无腔不学谭"，这说的是谭鑫培的唱法在业内受到了追捧。就连一位圈外人都屁股后头追着谭先生要拜师学艺，谁呢？李莲英！

京剧戏台

李莲英自打9岁进了宫之后，就是为慈禧太后活着的，学戏自然也是为了她，谁让她专好谭派这口儿呢？当年慈禧太后最热衷的，就是听谭鑫培先生的个人演唱会，现在都讲究送戏下乡，那会儿的谭鑫培先生可是送戏上门。但问题在于，当时的紫禁城里没电话啊，得了，李大总管您就亲自跑腿儿吧。就这样，李莲英三天两头地往谭家跑，洽谈演出事宜，没事还跟谭先生学上两句，成了这儿的常客，这才有了门口这个专用的停车位。

谭鑫培是中国第一位男影星，电影《定军山》里的男一号。如今影视投资人和影星之间微妙的关系相信大家都有所耳闻，一个是出钱的，一个是卖力的。今天咱们来关注一下谭鑫培先生和他的投资人之间到底发生了哪些具有娱乐价值的故事。

任庆泰

电影《定军山》的投资人叫任庆泰，是大观楼照相馆的老板，有着商人的精明头脑。他看准了电影是一条有前景、有商机的道路，便从原本单纯的照相业务拓展到摄影业务。因为京剧是当时最具代表性，也是影响最大的一个娱乐产业，而"无腔不学谭"的事实，也更让他坚信谭鑫培的影响力，所以他就将目标锁定在了谭鑫培身上。这任庆泰是想了法儿的说服谭鑫培拍电影，可是当了解任庆泰的意图后，谭鑫培就在想，这东西出不来声可不行。你想，这唱戏讲究的就是唱念做打，如果缺少了声音这一重要元素，那谁还干呀？所以当时的谭鑫培不同意。但后来任庆泰也想了一招，用留声机先给声儿灌进去，然后

大观楼照相馆

留声机

再拍，两者结合就达成了声画同步。后来谭鑫培觉得也不错，他们就有了合作的关系。任庆泰成了电影投资人，投资拍摄了中国第一部电影《定军山》，而中国内地第一位影视巨星谭鑫培，就这样完成了他的电影处女作，成为了当时的京剧、电影双栖明星，从此名震京城，演艺事业蒸蒸日上。

关公的五大魅力 (上)

关帝庙，是老百姓最信得过的寺庙，大大小小二百多座。话说到这儿，该有人问了：这关帝庙到底是求什么的啊，为什么会有这么多呢？

桃园结义三位智勇大将，唯有他一人万古流芳。他的祠庙遍布京城，他的身影走进千家万户。无数帝王为之倾倒，无数百姓把他视为神的化身。这位红遍大江南北的关二爷，到底在北京留下了多少关帝庙呢？

人们常说烧香找不着庙门，但您放心，在咱北京城里绝对不存在这个问题，这话怎么讲呢？比如说您想求子，那就得奔娘娘庙；要娶媳妇就得去菩萨庙；您想做买卖想赚钱了，一定得去财神庙。这叫专业对口，各神管各庙，各负其责。但您知道吗，早年间，咱北京的老百姓虽然也讲究这些，但用不着可着北京城找对口的寺庙去，因为咱这儿有万能寺庙，保准您的问题全能解决，这就是关帝庙，是老百姓最信得过的寺庙，大大小小二百多座。话说到这儿，该有人问了：这关帝庙到底是求什么的啊，为什么会有这么多呢？

多功能神仙庙：关帝庙

《三国演义》里的桃园三结义，刘、关、张，想必大伙都不陌生。刘备和张飞都是河北人，唯独关羽羽云长是山西人。俗话说"一方水土养一方人"，按理说北京人应该和刘备、张飞更投脾气，但是，事实并非如此。北京城上至官员，下至百姓，外加黑白两道儿，都对关二

关公塑像

爷敬重有加。据不完全统计，北京城里的关帝庙有两百多座，而且都是香火鼎盛。

话说到这儿了，您知道这位关老爷都能给人们解决什么问题呢？这么说吧，无论您是求财求药还是求子，关二爷都承包了。不是他神通广大，而是老百姓认为关公在神仙队伍里比较有威信，能够把香客的愿望传达给他的神仙同事们。不仅如此，那些八竿子打不着的行当也供着他，什么卖豆腐的、卖肉的，就连算命的都把他当成神。您瞧瞧，关二爷就是这么一位全活的多功能神仙。

当官儿的，有人亲民，有人媚上，但像关公这样上下通吃的主儿并不在多数，不仅被老百姓供着，而且被帝王们抬举着。想当初，他就是一个汉寿亭侯，说白了就是汉寿县的小官，相当于咱们今天的县长，死后皇帝们却给他加封了无数的头衔，宋哲宗封他"显烈王"、明神宗称他"三界伏魔大帝神威远镇天尊关圣帝君"，这不就等于统领黑

宋哲宗

白两道嘛。而他的最高头衔，竟长达26个字，清末某位皇帝钦赐的"忠义神武灵佑仁勇威显护国保民精诚绥靖翊赞宣德关圣大帝"。

就这样，关羽完成了从人到神的转变过程，关帝庙也就如同雨后春笋般落户在了北京城的街头巷尾。

这关二爷是被老百姓供着也好，还

明神宗

74

关公塑像

是皇上供着也罢，无非都是一种心理寄托。人嘛，都吃五谷杂粮，都会生老病死，真要遇见这事，那还得是看病吃药，您说对吧，古往今来都是这个道理。但是话说回来了，古时候有那么一种人，真要是有个生老病死的，关二爷真管，真能帮得上忙，这种人就是太监。他们有个灾闹个病的是稀松平常的事儿，但是退休养老对于他们来说就是大问题了。您想啊，家里有人进宫当太监，这可不是什么光宗耀祖的事儿，所以通常他们老了都不会回家。您说他们能去哪儿呢？哎！还真有这么个地方，就是下边这座关帝庙，就是专供他们下岗、退休养老、安度晚年的地方。

养老院：立马关帝庙

海淀区蓝靛厂大街有一座非常不起眼的寺庙，叫立马关帝庙，因为这里边供奉着关羽和他的那匹枣红马而得名。您别看现在这儿是破旧不堪，早年间这儿可是风光无限啊。只不过来烧香拜佛的人都是清一色的太监，这地界儿就是专门供他们退休养老用的。

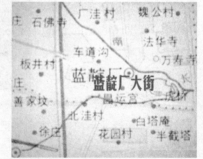

蓝靛厂大街地理位置图

建庙的人也是个太监，叫刘诚印。他跟李莲英、安德海、崔玉贵同为慈禧太后身边的四大名太监。别看他的知名度小，但是人家办的都是大事。最值得一提的是，慈禧太后去妙峰山进香走的那条路，就

是他出钱给修的，据说一个台阶儿就值二两银子呢，大概相当于现在的600多块钱人民币呐，您想这一条路要是铺下来得花多少钱。但是他做人一向非常低调，所以没能大红大紫。可是在清末太监圈里，他是个难得的大好人。自己出资建了这座关帝庙，为的就是让兄弟们离开皇宫之后有个栖身之地，还收留那些下了岗又没有收入的老太监们，所以当时很多人也管这儿叫"老公庙"。大部分的太监到了退休年龄，都不回家，就带着自己的全部家当奔这儿来了。他们把一辈子攒下来的钱放进一间屋子里，统一管理，美其名曰

妙峰山

"宝库"。每逢大年初一，太监就把自己的人组织起来，先拜关老爷，然后不分老幼，只按辈分进入"宝库"，不许有任何照明措施，不管贵贱，摸着一样就走，这就叫"摸造化"。您瞧瞧，这才是地地道道的拿钱找乐子。想来，太监一辈子过着牛马不如的日子，也就只有在这儿能够聚齐了，自娱自乐一把了。

老公庙

咱北京地界儿里的关帝庙，多是清朝以后兴建的，算是达到了一个鼎盛时期，大大小小得有260多座，这些可都是记录在册的。下边要跟您聊的这座关帝庙，是咱北京现存的关帝庙建筑里规模最大的，而且它的身份也非常的特殊，身份特别多。

责任重大：关岳庙

不知道您发现没有，咱北京城这地界儿里，关帝庙常有，而关岳庙不常有。顾名思义，关岳庙供奉的就是关羽和岳飞二位英雄。

现如今咱北京城里保存得最完整、规模最大的就是眼前的这座关岳庙了。

清朝以前，北京城里供奉最多的庙宇，不是关帝庙，而是岳王庙，这习惯是打宋朝那会儿传下来的。因为人家岳飞是南宋的忠义之士，所以特别走红。但是到了清朝初年，可就没这景儿了。岳王庙不是被

关羽和岳飞

关岳庙

关帝庙所替代，就是改成关、岳二人合供庙，那这到底是为什么呢？

　　岳飞之所以在宋朝被广为传诵，是因为抗击金兵有功。但是，您别忘了，这金王朝是清朝的先代，把自己的敌人当神一样供着，的确有点让人难以接受。幸好清朝帝王的眼光放得长远，深知要维护民族关系，但一时尺度又把握不好，所以就干脆把关、岳二神供在一个庙里了。要这么说来，咱这位关老爷的责任还是很重大的，肩负了维护民族团结的历史重任。

关岳庙

"荒唐皇帝" 朱厚照

北海西墙外爱民街，曾经是明朝豹房的所在地，这里一度容纳了朱厚照的两种最爱——猛兽和女人。

　　有人曾经对比分析过明清的历史，结论是清朝的皇帝比明朝的皇帝要节俭、勤政。确实，明朝十六位皇帝，能够达到普通人认为的正常标准的，实在很少。永乐皇帝谋朝篡位、嘉靖皇帝神神叨叨、天启皇帝是个好木匠，却并非好皇帝，而我们熟悉的崇祯皇帝，更是力不从心、疑神疑鬼。至于清朝呢，康雍乾自不必说，其余的几位皇帝，也都是尽心尽力、尽职尽责。但是我们统计了一下，从1636年后金改国号为清算起，到1911年清朝灭亡，大清王朝存在了275年。而明朝呢，从1368年朱元璋建国，到1644年清军入关，前后持续了276年。为什么充斥着昏君奸臣的明王朝能够和清王朝一样长寿呢？这个话题，得从性格各异的朱氏子孙说起。

　　他是一个沉溺于美女野兽之中的男人，他是一个周旋于大臣太监之间的皇帝。他为了实现梦想，两次出走塞外，他为了摆脱束缚，一度改名换姓。天子也有无奈、皇帝也会荒唐，我们来倾听明朝皇帝朱厚照的内心呼声——"拿什么来反抗你，我的帝王宿命？"

　姓　　名：朱厚照

　出生日期：1491年

　属　　相：猪

　爱　　好：斗兽、打仗、纵欲

　婚姻状况：16岁结婚，配偶夏氏，无子女

　享　　年：30岁

　死　　因：落水染病而死

奇怪的偏好——偏爱有夫之妇

　　在明朝的十六位皇帝里，朱厚照的童年算是最幸福的。他老爸弘治皇帝，是中国封建帝王史上唯一实行一夫一妻制的皇帝，而他老妈张皇后呢，也是计划生育的楷模，只生了朱厚照这么一个儿子，所以他打一落地就理所当然地成了太子。16岁之后，又顺理成章地登上了皇位。

　　令人意外的是，当朱厚照从一个男孩发育成一个男人的时候，他对女人的审美取向，发生了扭曲。

弘治皇帝

　　北海西墙外爱民街，曾经是明朝豹房的所在地，这里一度容纳了朱厚照的两种最爱——猛兽和女人。

　　明朝的皇帝，给我们的印象一向都有点疲软，但朱厚照却是个例外，他最大的兴趣爱好就是斗兽，最大的理想就是上阵打仗。这些取向对于一个男人来说都不过分，但是，唯独涉及女人，朱厚照的审美标准就有点特别了。

　　现如今招男人喜欢的美女类型各种各样，清纯的、性感的、骨感

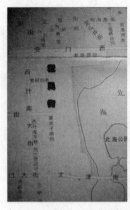

的、丰满的，但是我告诉您，这些类型都入不了朱厚照的眼，他喜欢的女人，都是怀了孕的、嫁了人的、堕入红尘的以及粗犷豪放的，不过有一点倒是跟当今时代接上轨了，因为朱厚照也喜欢中性美。

朱厚照奇怪的审美并不是天生的，应该说，他的成长经历是教育的败笔。弘治皇帝对这个独生子过分溺爱，朱厚照16岁丧父之后，大臣们对这个小皇帝的要求又过于苛刻，母亲张太后跟他政见不合，于是拉拢皇后对他施压。最终朱厚照选择了逃避，对太监产生了心理依赖。

其实朱厚照有自己的理想，不是吃喝玩乐，更不是荒唐淫乱，只是身为皇帝，他的理想实现起来要比常人还艰难得多。

爱民街

难得实现的梦想——御驾亲征

话说正德十二年，28岁的朱厚照偷偷摸摸地带着几个人，穿上便服骑上快马出了德胜门。堂堂皇帝，为什么要偷偷摸摸的呢？这就说来话长了。

早在三年前，也就是正德九年，蒙古骑兵开始侵犯中原，为此明朝部队付出了惨痛的代价，总算是逼退了敌军。可没承想，到了正德十一年，敌人恢复了元气卷土重来，朱厚照这下急了，老虎不发威，你

德胜门老照片

当我是病猫呐！于是这位年轻的皇帝决定御驾亲征。

但是，朱厚照把问题想简单了，大臣们不断进谏上书加以反对，那唠叨劲儿连唐僧都不是对手。所以堂堂的皇帝只好微服出城，偷偷摸摸地逃出了北京城，自己带着屈指可数的几个亲信，御驾亲征去了。

第二天一早，大臣们一看皇帝丢了，都慌了神儿，赶紧找吧。于是几个平时肩不能挑、手不能提的大学士，愣是骑着快马直奔昌平追皇帝去了。

再说这边的朱厚照到了居庸关，却没有出德胜门那么简单了。巡关御史张钦命令手下紧闭关门，谁都甭想出去。这回可好，堂堂一个大明皇帝，后有追兵，前有堵截，还都是自己人，朱厚照此时可谓是欲哭无泪了。

朱厚照此次御驾亲征宣告失败，他自觉没趣儿，跑到昌平马场玩了两天，就灰头土脸地回紫禁城去了。刚进家门，这位可怜的皇帝就被大臣们逼着上朝，因为奏折已经积累了一堆没

居庸关长城

有处理了。

但是大臣们没想到，半个月之后，同样的情节又上演了一次，朱厚照再次离家出走，在五天之内赶到昌平，偷偷摸摸地出了居庸关。为了防止大臣们再次把他追回去，朱厚照派太监谷大用镇守关口，不许任何官员出关。就这样，大明皇帝御驾亲征的梦想终于实现了，但是好戏还在后边呢。

五天之后，塞外孤城宣府传来了一条消息，说皇帝安全到达，正准备指挥战斗呢。正当大臣们将信将疑的时候，又一道诏书传到京城，说特命威武大将军朱寿随带人马，或攻或守。这会儿大臣们纳闷儿了：这朱寿是谁？没听说过啊。后来一打听才知道，朱寿就是朱厚照。朱厚照说了，你们不是说皇帝不能随便出征吗，现在我是威武大将军朱寿，不是皇帝了，谁都管不着我了。四天之后，吏部和户部又接到了通知，说威武大将军朱寿立了战功，要进行封赏。皇帝给自己封赏，恐怕偌大一个明朝，朱厚照是蝎子拉屎独一份儿了。

故事讲到这儿，难道这位堂堂的大明帝王就没干过一件合乎情理的事儿吗？当然有。

明智之举——赐死刘瑾

一张京剧脸谱，往往在勾描之间表现出人物最鲜明的个性，而京剧《法门寺》里刘瑾的一张面孔，则涵盖了他的狡诈、贪婪、狂妄以及对太监身份的心有不甘。

京剧脸谱

我们曾经讲过，有一天上早朝的时候，朱厚照在皇极殿的台阶上捡到一封揭发刘瑾的匿名信，当时他并没有在意，而是交给了刘瑾处理。听过这个故事的人，肯定无一例外地会骂朱厚照昏庸，偏信奸佞小人。但是，客观地想一想，他这么做的确是有

皇极殿

自己的道理。

写匿名信的人，连署名的勇气都没有，可见也并非什么君子。先不说有没有诬陷的可能，就算刘瑾有罪，总得有人挑头来查办，揭发者不肯出头，难道让皇帝来承担责任吗？朱厚照当然不肯。

正是朱厚照的这种处理方式，刺激了刘瑾的对手们。讽刺的是，真正有勇气站出来揭发刘瑾的，不是任何一位内阁大臣，而是"八虎"之一的太监——张永。

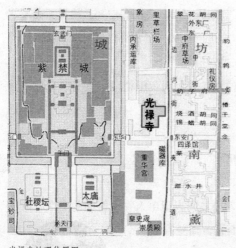

光禄寺地理位置图

位于东华门大街的北京27中，是明朝光禄寺的旧址。话说一日，为了给远征宁夏的官兵庆功，朱厚照在光禄寺宴请群臣，素有"八虎"之称的太监们迟迟没有退席。所谓"八虎"，其实并非太监中最有权势的八个人，而是指跟内阁大臣们最对立的八位，刘瑾也是其中之一。"八虎"并不抱团，分属各个集团，刘瑾甚至利用朱厚照对他的信任，逐个铲除其中的异己分子，但是他做梦都没有想到，这次光禄寺宴会，成了他的劣迹揭发大会。

刘瑾退席之后，太监张永列出了刘瑾的种种罪行，人证物证俱在，朱厚照认为除掉刘瑾的机会来了。

话说到这儿，有人该问了，这刘瑾到底犯了什么罪呢？咱先不说那些结党营私、干涉朝政、图谋篡位之类的罪名，单说贪污受贿这一项，据保守统计，刘瑾被抄没的家产，仅现银就折合6750两白银，按购买力算，大约相当于今天的250多亿人民币，单这一项，刘瑾就死有余辜了。

刘瑾在午门前被凌迟处死，生生刮了3357刀才咽了气。朱厚照眼睛都不眨，看着午门广场前这场血腥的大戏。此时他的心情我们可以猜测：刘瑾的狡诈，污辱了朱厚照的智慧；刘瑾的狂妄，辜负了朱厚照的宽容；刘瑾的贪婪，破坏了朱厚照的心理底线，就连刘瑾的死，都违背了朱厚照一贯宽厚的本性。

午门

故事讲到这儿，用"荒唐"来概括朱厚照，恐怕有些片面了。朱厚照不是一个贤明的皇帝，却算得上是一个可爱的男人。他并非无情，只是他所爱的女人都不符合世俗的审美标准；他并不慵懒，只是他厌倦了大臣们滔滔不绝的说教，宁肯选择醉生梦死。他愿意做商人，愿意做将军，愿意做驯兽师，甚至愿意做个旅行家，唯独不愿意做皇帝。最终朱厚照在南巡途中掉进了水里，9月天气寒冷，朱厚照从此一病不起，直到去世。关于他的死因，我们很难用一个简练的词来概括，这或许就像他的性格和命运，情节复杂，说起来拗口了。

重访《乾隆京城全图》（三排五行）

据《燕京访古录》记载：洪承畴府邸的后门，

在今天的南锣鼓巷59号。

龚自珍故居

相传龚自珍小时候住在西城，

具体地点在西单手帕胡同21号，等到上班以后才搬到了宣武区，

也就是我们今天要寻找的目标——宣武门外上斜街。

关公的五大魅力（下）

想当年，清朝的乾隆爷还在这儿给太监们敕建了一座关帝庙，

就是咱们眼前这地界儿。

那这座关帝庙跟太监又有什么关系呢？

"文盲皇帝"朱由校

天启皇帝，可能很多人不是很了解，

但他最宠信的太监您肯定熟，

谁呢？魏忠贤。

重访《乾隆京城全图》(三排五行)

据《燕京访古录》记载，洪承畴府邸的后门，在今天的南锣鼓巷59号。

说起北京的胡同，咱们永远是滔滔不绝，但是您知道北京的胡同跟外地的街巷到底有什么区别？是不同的称呼，还是有什么历史渊源呢？我们查了一下相关资料。话说当年刘秉忠设计元大都的时候，规划了很多横平竖直的街巷，因为长得像棋盘，所以俗称"棋盘街"。而蒙古族认为，有水源的地方才适合人居住，所以当时北京的每条街巷里都有水井。而"水井"的蒙古语发音就是"胡同"，从此以后，"胡同"

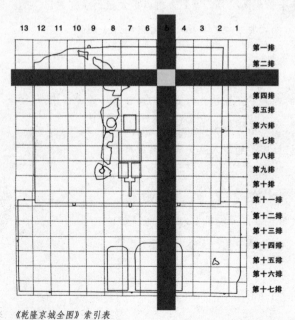

《乾隆京城全图》索引表

这个词就这样成了北京街巷的代名词。应该说元代的北京胡同是最规矩的，横平竖直，但是经过明清两代和近现代的演变，能保持原貌的胡同已经不多了，这次重访北京城的任务，就是走访一片保持着元朝风貌的区域。

● **重访地点档案**

重访目标：《乾隆京城全图》第三排第五行

清朝所属区域：内城东北部，属镶黄旗领地

现在所属区域：东城区南锣鼓巷地区北段

重点重访目标：黑芝麻胡同、后圆恩寺、菊儿胡同、小经厂胡同、南锣鼓巷

住房困难：南锣鼓巷59号 洪承畴家祠

说起洪承畴，很多人脱口而出的便是"降清"和"美人计"这两个词儿。史书上说，他败在了皇太极的金戈铁马之下，电视剧里说，他败在了大玉儿的石榴裙之下。究竟洪承畴为什么打了败仗，又为什么降了大清呢？

据1934年出版的《燕京访古录》记载：洪承畴府邸的后门，在今天的南锣鼓巷59号。

洪承畴家祠

南锣鼓巷地区原本属于镶黄旗领地，位于内城，按理说像洪承畴这样的汉臣是没资格住在这儿的。从洪宅的位置上就能看出来，清政府对这位前朝的降将还是尊重有加的。

　　说来也巧，洪承畴从小就为房子发愁，您知道这是为什么吗？

洪承畴

　　洪承畴是福建人，因为家境贫寒，父亲外出打工，身怀六甲的母亲傅氏只好寄宿在娘家，洪承畴便是在姥爷家出生的。但是闽南有个习俗，说房子"宁肯借人死，不可借人生"，大概意思就是怕新生儿把人家的龙脉风水给夺走。而当时洪承畴的母亲已经出嫁，再回娘家生孩子，就属于"借房生产"了，所以洪承畴自打一出生就不招舅舅、舅妈的待见，只能寄人篱下，仰人鼻息。

　　估计谁都想不到，打小就缺房子住的洪承畴，几十年之后，能在全国房价最高的首都北京置办这么一套大宅子，只不过那会儿的他已经年过半百，还背上了"降清"的罪名。传说年迈的洪承畴回到福建老家

南锣鼓巷洪宅

之后，遭到了当地百姓的讥讽唾骂，最终老爷子在无奈之下，把葬身之地选在了异乡北京，或许只有这片土地才能够见证他一生中的辉煌，也只有经历了多次朝代更迭的北京城，才能理解改朝换代的真正意义，理解这位"前朝罪臣"的苦衷了。

吴三桂当年镇守辽东的时候，从一个军事将领的专业角度出发，制定的战略是且战且停，决不贸然行事。但是不承想，远在北京瞎指挥的崇祯皇帝，硬要逼洪承畴主动出兵攻打清军，为此还派了一个太监去监督洪承畴。您别忘了，前脚儿袁崇焕刚死，洪承畴当然不想当第二个冤死鬼，只能从命。您瞧瞧，外行指挥内行，能打胜仗嘛。最终明朝十三万大军全军覆没，洪承畴被俘。之后性情刚烈的洪承畴绝食了七天七夜，只求一死，别人怎么劝都不成。不承想到后来他自己想明白了：以我一己之力救不了病入膏肓的大明朝呐，况且皇太极人不错，大玉儿挺漂亮，回头还能在北京城里混套大房子住住，就这样，洪承畴投降了。

清朝北京市政府：东城区交道口东公街45号　顺天府大堂

《乾隆京城全图》第三排第五行这张图纸，应该说是我们重访以来所见最模糊的一张了，胡同的地名几乎都认不出来，但是凭着对南锣鼓巷地区的熟悉，同时参照侯仁之先生主编的《北京历史地图集》，我们终于找到了顺天府的所在地。

当年的顺天府，相当于现如今的北京市政府，但是有两点职能上的区别，首先是权力范围

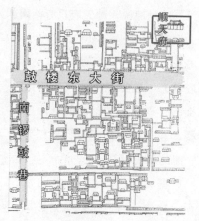

《乾隆京城全图》局部

大：除了北京城之外，顺天府还掌管北京周边的22个州县。其次是职能丰富：顺天府不仅是北京市的行政机关，同时还是司法机关。现如今的顺天府，只剩下大堂部分，这地方当年就是提审犯人的场所，相当于现在的审讯室。相传当年这地方还挂着雍正皇帝亲笔题字："畿甸首善之区，必政肃风清，乃可使四方观化，非刚正廉明者，曷克胜任"，大概意思就是说，北京是首善之区，地方政府必须保持正直清廉的工作作风，为全国各地做好榜样，只有刚正廉明的人，才能胜任这个工作。

据说当年其他地方政府都用铜印，只有顺天府用的是银印，可见这地方在全国的模范带头地位了。

虽然我们无法再现顺天府衙的原貌，但是从东城教育学院提供的图纸上，还能想象出当年这里的格局。

准确地说，顺天府只有西南部分涵盖在今天的重访区域内。位于大堂前面有一座包公祠，市政府供奉包公，甭问，肯定是督促公务员要廉政。而在包公祠的对面，还应该有一座五圣庵，按照图纸推测，现在大堂前面的这两座楼，应该就是当年包公祠和五圣庵的所在地了。

据说在顺天府大堂的后面，原本还有两个建筑，怀疑

顺天府衙格局

是牢房，但是现在已经遗迹全无了。2006年底，我们就曾经拍摄过这个地方，当时还略显破旧，07年3月份故地重游，大堂已经被修缮一新了。

慈禧的男秘书旧居：菊儿胡同3号、5号、7号 荣禄宅

"做人学得乌龟法，当缩头时且缩头"，这是电视剧里，慈禧太后语重心长对荣禄说的一句台词。话虽没错，但对于两个国家领导人来说，讨论这种处事原则似乎有点欠妥。

荣禄其实不姓荣，他的祖姓是满洲瓜尔佳氏，现如今交道口菊儿胡同3号、5号、7号都曾经是荣禄的宅子。

荣禄旧宅

荣禄一家可谓是货真价实的名门望族，往远了说，荣禄的老祖宗跟着努尔哈赤打下了大清天下，他的爷爷、爸爸、叔叔都战死沙场。到了荣禄这辈儿，大清朝疲软了，慈禧太后当家了。但是正应了那句话，"是金子到哪儿都发光"。

荣禄

戊戌变法这场本该轰轰烈烈的大戏，因为荣禄泄密而变得凄凄惨惨。菜市口的6条人命，换来了荣禄家的一门亲事。为了表彰这位有功之臣，慈禧太后硬把荣禄的女儿塞给了醇亲王，也就是溥仪的亲生父亲，后来的摄政王载沣。

溥仪在《我的前半生》里，专门写了一章"外祖父荣禄"，字里行间能看出来，荣禄是一个称职的"男秘书"，他具备了忠诚、机智、善解人意的职业素质，难怪被慈禧视为知己。

据溥仪自己分析，慈禧把荣禄的女儿许给载沣，也是为了监视醇亲王家的动态，毕竟当时跟慈禧对立的光绪皇帝就是从醇亲王的家门儿里走出来的。而醇亲王坟上的白果树，也被牵强附会地当成"继承皇统"的象征。慈禧太后生怕掌控不住大清朝的皇脉，这才让荣禄的女

醇亲王府

儿打入了醇亲王家的内部。一个是
瓜尔佳满洲正白旗的大臣，一个是
爱新觉罗满洲正黄旗的亲王，慈禧
太后却选择信任前者。难怪有人分
析，慈禧对荣禄的倚重与信任，早
已脱离了君臣的轨迹，超越了政治
的需要，然而能凌驾于这一切之上
的，恐怕就只剩下"感情"了。

载沣

　　荣禄在戊戌变法之前曾经当过
户部银库的员外郎，因为贪污，差
点被肃顺砍了脑袋。紧接着他又花
钱买了个候补道员。清朝末年，他最高职位做到过工部尚书，大概相当
于现在的建设部部长。但没承想，又因为贪污被革职降级，调离北京。
后来荣禄又趁着慈禧太后做寿的机会，贴上了恭亲王，继而扶摇直上，
升到了兵部尚书。从工作经历能看出来，荣禄是一个非常能把握机会的
人，但也是一个见钱眼开的人，否则不会两次都栽在贪污受贿上。

　　我们都知道，荣禄是名门之后，就在菊儿胡同的斜对面黑芝麻胡
同里，住着他们家的一位亲戚。

京城四大财主之一：黑芝麻胡同13号　奎俊宅

　　荣禄的这位亲戚叫奎俊，就住在黑芝麻胡同13号，黑芝麻胡同原
来叫何纸马胡同。话说明朝的北京城里开了不少店铺，专为发丧出殡提
供纸扎的马匹，所以叫纸马铺。而这条胡同里，刚好有一家纸马铺的老
板姓何，这才有了"何纸马胡同"的名称，后来被老百姓叫着叫着，就
变成"黑芝麻胡同"了。

　　在《乾隆京城全图》上，黑芝麻胡同属于被忽略不计的小胡同，
我们通过对比现代地图，才找到了奎俊宅的大概位置。

奎俊是荣禄的叔叔，官衔也不低，是清末的刑部尚书兼四川总督，也算是部级干部了。但是除此之外，奎俊还有一个身份让人如雷贯耳，什么呢？这就是"京城四大财主之一"，至于其他三位是谁，我们没有查到记载。

话说到这儿，我们有点纳闷，身为一个身兼数职的政府官员，却被老百姓评为"京城四大财主之一"，这事儿要搁现在，得先查查您的不明财产来历，然后再进一步调查。但是清末腐败成风，没人追究

奎俊宅

这事儿。不过我们可以试想一下，甭管是当年还是现在，北京城向来是有钱人聚集的地方，咱们以前介绍过那么多达官显贵，连清末最大的贪官庆亲王奕劻都不敢自称财主，由此我们可以想象奎俊的经济实力究竟有多强大了。

黑芝麻胡同再往南，紧挨着沙井胡同。也有书上记载说奎俊的宅子是沙井胡同15号、17号以及19号，正门就开在17号。如果真是如此，那么黑芝麻胡同13号很可能就是后门了。

《乾隆京城全图》局部

如此说来，南锣鼓巷地区可谓是宅门儿聚集，人才济济哪。开国元勋洪承畴、慈禧男秘荣禄、京城财主奎俊，连当时的北京市政府都在这片区域里，有功的、有权的、有钱的，一个都不少。由此可以判断，这地方早在清朝应该属于高档

小区了。

下面我们要讲的这位业主，跟奎俊是街坊，他们家就在南锣鼓巷东边的后圆恩寺里，跟其他街坊相比，这位不仅有权有钱，而且还有身份。

最尊贵的业主：后圆恩寺7号 载捕宅

论起身份，无论是家有万两黄金还是手握国家大权，都比不过一个"皇亲国戚"的头衔。后圆恩寺7号的业主，就是这么一位人物。他的老爸是素有"清末第一贪"之称的庆亲王奕劻，他的哥哥是袁世凯的拜把子兄弟载振，至于他，则是一位躺在户口本上混日子的贝勒爷。

载捕是奕劻的二儿子，因为不是嫡长子，所以没能继承亲王的爵

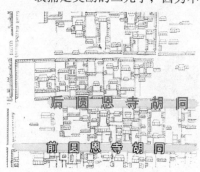

《乾隆京城全图》局部

位，只落了个贝勒的荣誉称号。纪实小说《宣统皇帝》里曾经讲过这么一段故事，说庆亲王奕劻去世之后，宣统皇帝溥仪知道他平日里贪污受贿、卖官鬻爵，所以连个谥号都没给他。载捕在摄政王载沣的推荐下见到了溥仪，不仅给老爸

讨了个谥号，还把大哥载振的种种罪行一一揭发。大概意思是说我父亲虽然贪污受贿，但是他去世之后，我本来想把家产都孝敬给皇帝，没想到全被大哥载振给霸占了。虽然我父亲生前作恶多端，但死后连个谥号都没有，恐怕死不瞑目。溥仪一听，得了，赏他个谥号吧，就这样，奕劻被追谥为"密"。您知道这"密"字儿是什么意思吗？"密"表示"追捕前过"，由此可见，贪污受贿之

奕劻

人，在宣统皇帝溥仪的心目中，也是永远不可原谅的。

庆王载振

现如今想查到关于载捕的更多信息并非易事，反倒是继承了奕劻财产和性格的新一代庆王载振，一直被人们津津乐道。但是估计老庆王奕劻无论如何也想不到，自己把一切都给了大儿子，最终给他讨来谥号的却是一无所获的二儿子载捕，而此时的载振，不知道又在何处寻欢作乐呢。

龚自珍故居

相传龚自珍小时候住在西城，具体地点在西单手帕胡同21号，等到上班以后才搬到了宣武区，也就是我们今天要寻找的目标——宣武门外上斜街。

从古至今，一提大诗人，无非就是清醒、清高外加清贫，但是清末大诗人龚自珍则是一例外，他是一边骂人一边表达对社会的不满，一边玩第三者插足，外带破坏贝勒爷的家庭。就在我们编导寻访龚自珍故居的过程当中，又听到了关于这位诗人更新鲜的故事。

手帕胡同地理位置图

相传龚自珍小时候住在西城，具体地点在西单手帕胡同21号，等到上班以后才搬到了宣武区，也就是我们今天要寻找的目标——宣武门外上斜街。

不管三七二十一，咱先进这上斜街50号院里看看吧。

记者：您好，麻烦问一下，咱们这儿是龚自珍故居吗？

住户：对，是。

记者：哪个院是呀？

住户：整个院都是。我搬来时候就知道，这里是番禺会馆。

看来这回我们还真没走瞎道，一下就找到了，不仅如此，还有了意外发现。

番禺位于广东省，按理说番禺会馆应该住的都是番禺人，至少也应该是广东人，但是我们可以负责任地说，龚自珍不是广东人，那他当年为什么住在这呢？是我们走错门儿了，还是当年龚自珍走错门儿了呢？您还真问着了。下面咱们先查查他的基本档案。

● 龚自珍档案

姓　　名：龚自珍

出生日期：1792年

籍　　贯：浙江

享　　年：49岁，不算长寿

浙江人龚自珍的故居，居然是广东番禺会馆，是史学家搞错了，还是我们走错了？或者是龚自珍当年住错地方了？我告诉您，都不是。

话说道光年间，龚自珍的的确确在上斜街50号院里住过一阵子，但是那会儿这里还不是什么会馆，而是龚自珍的私宅。到了1831年，龚自珍把这座私宅卖给了一个广东巨富潘仕成，潘仕成转手又送给了广东番禺同乡会，这才变成了番禺会馆。以前这院儿可大了，是三进院的大宅子，这院子里都能容纳一个大卡车掉一头。以前院子里头有假山、花园、戏台子。还有道光御笔"福"字匾以及"耕读堂"的匾，可见这龚自珍在当年也是个有头有脸的人物。

咱这位龚自珍您别看面子不小，当的官可都不大，顶多了就是个芝麻官，也就是他中了进士以后，做了一礼部主事，相当于正六品的官衔。您看别人当官要么是世袭的，要么是花钱买来的，咱这龚自珍的官衔呢，是骂出来的。

话说当年龚自珍报考进士的时候，文章写得漂亮，可他的字写得太差，考官读着感觉像是天方夜谭，没一会儿就笑出声来，旁边另一位考官听见这动静，也过来看卷子，一看这字就知道是龚自珍写的，于是赶紧提议说，您就录取他吧，这小子好骂人，咱别招惹他了。

就这样，龚自珍中了进士。结果呢，他非但没有感激人家考官，反倒称其为"无名小卒"，弄得这位考官一肚子委屈，说我点了他也照样骂我啊。

龚自珍的这张臭嘴，那是远近闻名的，连皇上也不放过。据野史记载，有一回龚自珍把皇上家称做是"禽兽之居"。您想想，胆儿多肥呀！

龚自珍笔迹

嘴里没把门的了。不过呀，就是这么一个桀骜不驯的人，他也有闹出格的时候。

顾太清

话说在道光年间，北京城里爆出了一件轰动一时的绯闻：乾隆爷的曾孙荣恪郡王奕绘被戴了绿帽子。这位敢和皇亲国戚老婆的人，就是咱们这位龚大诗人。这位绯闻女主角，就是号称"清代第一女词人"的顾太清，奕绘的侧福晋。据史料记载，这位侧福晋是琴棋书画样样精通，而且美貌

绝伦，当年奕绘对她就是一见钟情。这就难怪一向狂妄自大的龚自珍会不顾她是有夫之妇，而甘愿充当第三者了。奕绘顾太清夫妇就住在北京太平湖的荣恪郡王府，就是现在北京市西城区新文化街的西边，不过王府没有保留下来。在这儿不得不多说一句，您瞧，龚自珍和顾太清两人住得还

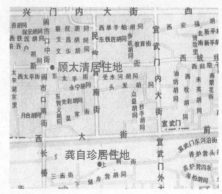

真挺近，这不就为俩人关系的发展提供了便利条件了嘛。不过说实话，他们俩无非是欣赏对方的文采，继而谈诗作对，书信来往，但是却被别有用心的人拿来当话柄，大肆渲染。最终龚自珍因为工作作风问题和生活作风问题数罪并罚，被贬离了京城。而顾太清和老公奕

太平湖东里

绘却被广为称颂，成为千古留名的一对模范夫妻。

　　至于这轰动一时的桃色新闻到底是真是假，我们也无法考证了，但是龚自珍和顾太清的关系确实很亲密。如果您也对龚自珍感兴趣的话，不妨去他那故居看看，因为过不了多久，这地方也要变成大马路了，再想听老人讲这段历史故事，那就不容易了。

关公的五大魅力（下）

想当年，清朝的乾隆爷还在这儿给太监们敕建了一座关帝庙。就是咱们眼前这地界儿。那这座关帝庙跟太监又有什么关系呢？

最灵验的关帝庙：正阳门关帝庙

有这么一句老话说："灵验第一推关庙，更去前门洞里求。"有人问了，没看见前门门洞里有关帝庙啊？我告诉您，它的确切位置在这儿呢——正阳门南面靠西边的这座。

之所以说这座关帝庙灵验，香火旺盛，仰仗的可是关公的坐骑——赤兔马。赤兔马是因为通体枣红而得名的，但您发现没有，这座关帝庙里供奉的却是一匹白马。

传说明朝初年，明成祖朱棣出征打仗，遭遇了百年不遇的沙尘暴，整个部队刮得是东倒西歪，连回家的路都找不着了。就在这个时候，一个身穿绿长袍的红脸大将骑着一匹白马前来助阵，帮着他们杀出了重围。

甭问这位英雄

正阳门老照片

就是关羽关老爷。但是朱棣光顾着逃命了，就记着那匹大白马了。回家之后，听说正阳门前边的这座关帝庙里也来了一匹大白马，浑身是汗，那儿正喘着呢。朱棣认定了，这就是搭救他的关老爷骑的那匹，当即决定，在正阳门关帝庙里供奉一匹大白马。朱棣还要求后世子孙每逢过年过节都要前来祭拜。您瞧瞧，皇上给这座庙当活广告，那香火能不旺嘛，这就叫名人效应啊！所以，打那儿以后，北京内城的九个城门前边都盖上了关帝庙。有关老爷把守，睡得踏实啊。

关帝像

皇上建关帝庙是基于这么几个原因：一个是建在城门附近，为的是看城，保家卫国。第二就是建在街头巷尾的，这些关帝庙主要是为了给予老百姓一些精神寄托，安抚老百姓的。其实还有第三个原因，就是给帝王们的奴仆建的，当然指的就是太监了。毕竟他们都是六根不净，死了之后不能入祖坟的人，所以皇帝特意也给他们盖了一些关帝庙，意思就是告诉他们，你们死后有去处了，活着的时候得好好伺候我。接下来这就带您去一处敕建关帝庙，专门为太监准备的。

为太监建的关帝庙：李莲英阳宅

众所周知，太监都是六根不净，死了以后不能入祖坟的主儿，他们最担心的就是死了以后变成孤坟野鬼，所以太监的坟墓都特别扎堆儿。咱就说现如今海淀区恩济庄一带吧，您知道这儿埋了多少太监吗？一点都不夸张地说，2700多人呐！

关帝庙

海淀区恩济庄地理位置图

想当年，清朝的乾隆爷还在这儿给太监们敕建了一座关帝庙，就是咱们眼前这地界儿。那这座关帝庙跟太监又有什么关系呢？其实说来，这关帝庙就相当于太监的停尸房。停尸房是收费的，而且死者得在生前交押金，否则不给留位，而不同的位置收费标准也不一样。

乾隆敕建关帝庙

不承想，清朝末年，太监队伍里出了一位财大气粗的把这停尸房给包了，这就是咱们熟悉的李莲英。就这样，原本是太监死后的集体宿舍，一转眼变成了李莲英的私宅，而太监墓地的保镖关二爷，也只对李大总管一个人的超豪华坟冢的安全负责了。

关公虽然是个多功能神仙，管天管地，管着老百姓的衣食住行、吃喝拉撒，但有一点您可别忘了，这都是他的副业，人家的本职工作是一员武

关帝庙

将。他真正的服务对象那都应该是当兵的，家应该安在兵营里，那才叫正差呢。这不，我们还真在一个兵营里找着了关老爷的庙。

本职工作：车耳营村关帝庙

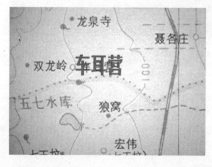

车耳营地理位置图

海淀聂各庄车耳营村有座关帝庙，人们都叫它老爷庙。

车耳营，早年间是明朝边防的重镇，专门用来停放战车的，还专门安排了重兵在这儿把守。最早这里叫"车儿营"，后来老百姓念着顺口，就把这儿叫成"车耳营"了。

想来这关帝庙立在这儿是对上口了，因为人家关老爷的本职工作是一员武将，整天被老百姓奉为各种行业的神仙，实在是屈才了。

但很可惜的是，我们

关帝像

关帝庙旁的千年古松

并没有查到这座关帝庙到底是哪个朝代的建筑，只是找到了一些关于它周边建筑的介绍。其中有一个地方很值得揣摩，就是咱们眼前的这棵千年古松，人们都管它叫迎客松，要按照千年推算，这座关帝庙也应该是辽代的遗迹了。

据说这座关帝庙并没有被当时的士兵们所重视，直到清朝光绪年间，一个和尚和一个尼姑，因为关帝庙的归属权问题打起来了，最终结果尼姑胜了，打那时开始，关帝庙就变成尼姑庵了。

"文盲皇帝" 朱由校

天启皇帝，可能很多人不是很了解，但他最宠信的太监，您肯定熟，谁呢？魏忠贤。

　　唐代诗仙李白曾经写过一首诗，其中有这么一句叫"明断自天启"，大概意思是说英明的决断源于天生，但是估计李白做梦都没想到，到了几百年后的大明朝，这句诗有了另外一个解释。明断自天启，可以理解为大明王朝是在天启皇帝朱由校手里断送的。天启皇帝，可能很多人不是很了解，但我要说他最宠信的太监，您肯定熟，谁呢？魏忠贤。

● 朱由校个人档案

姓　　　名：朱由校

出生日期：1605年

享　　　年：23岁

属　　　相：蛇

皇帝工龄：7年

特　　　长：土木工程

最信任的人：魏忠贤

死　　　因：溺水染病而死

难忘的童年——一个备受冷落的皇孙

众所周知，十三陵埋葬了明朝的十三位皇帝，而天启皇帝朱由校就长眠在十三陵德陵的地宫里。

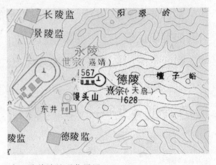
十三陵德陵地理位置图

德陵是在朱由校去世之后修建的，当时明朝的国力已经走向衰败，所以德陵的规模也因为财力不足而小于其他陵寝。

朱由校自打一出生就是个苦命的皇子，他爸爸当太子的时候，就不招老皇帝的待见，要不是文武百官强烈坚持，保不齐这个太子早就被废了。太子都不受宠，就更别提太子孙了，朱由校的童年是缺少关爱的，但幸运的是他身边有一个大字儿不识、年逾半百、没有理想又愚昧忠诚的老太监，这就是魏忠贤。

魏忠贤净身进宫当太监那年已经二十二岁了，不仅结了婚，还生了个闺女，所以说来，他比大多数太监都幸运，至少享受过做男人的乐趣。如果说当太监并不容易，那么有了老婆还狠得下心去当太监，就确实更需要勇气了。

当所有人都忽视朱由校的时候，一向以老奸巨滑、十恶不赦著称的魏忠贤此时却父爱泛滥了。他对朱由校的忠诚，在外人看来，有点得不偿失，甚至多余，难怪他进宫这么多年混不出头来。

但有句话说"人的命天注定"，朱由校的父亲好不容易熬到了当皇帝的那一天，登基不到一个月就去世了。随后朱由校就像赶场救火一样登上了皇位，而魏忠贤则被这个天上掉下来的大馅饼砸晕了好一阵子。但是此时大臣们都忽略了一个问题，那就是备受冷落的朱由校从来没有受过正规的太子教育，16岁的他，跟一个文盲相差无几。

后人把明朝的衰落归罪于魏忠贤的愚昧无知、妄自尊大，但是此时我们可以试想一下，如果朝政由朱由校这个"文盲皇帝"来把持，大明王朝的生命，又真正能延续多久呢？

最尊贵的木匠——参与修缮紫禁城

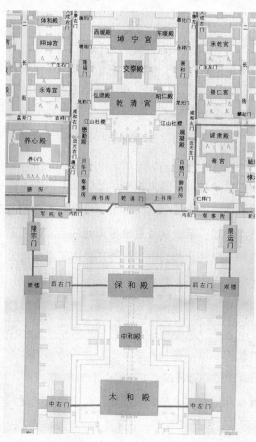

紫禁城的前三殿，也就是太和殿、中和殿、保和殿，属于工作区，而后三殿，也就是乾清宫、交泰殿和坤宁宫，属于生活区。一道乾清门，完成了一个男人由丈夫、父亲到皇帝的转变过程。但是，紫禁城里却没有一道门，可以让朱由校完成从皇帝到木匠的转变，他的兴趣爱好只能在国事与家事的缝隙中求生存了。

2006年1月，故宫的太和殿开始进行大规模的修缮，然而恐

紫禁城平面图（局部）

怕没人能想到，早在1625年，堂堂大明王朝的天启皇帝朱由校，曾经像

修缮中的故宫太和殿

今天的工人一样，
登高爬梯参与修缮
工作，我们甚至怀
疑，如果朱由校不
是个皇帝，他或许能成为第二个鲁班。

　　朱由校对木匠活儿的专注，远远超过了对国家大事的关心，而整
座紫禁城里，唯一能够让他信任的，就是从小驮着他玩骑马打仗的贴身
太监魏忠贤，于是朱家天下就这样在不知不觉中改姓魏了。

　　关于魏忠贤的人品，我们不应该片面评价，因为没有人是天性邪
恶的，"虎毒不食子"是人人都懂的道理。我们相信，魏忠贤对朱由
校，既有对帝王的尊崇，也有对养子的怜爱，但这一切都被权欲和金钱
所吞噬，最终魏忠贤留给我们的，就只有"干涉朝政、祸国殃民"这八
个字了。

历史的巧合——朱由校北海落水

西苑（又称太液池，由中海、南海和北海三海构成）

　　话说天启五年，朱由校
在奶妈客氏和魏忠贤的陪同
下到西苑游玩，突然兴致大
增，带着包括魏忠贤在内的
几个小太监上了一条小船，
泛舟太液池上。不承想，一
阵大风掀翻了小船，朱由校
落水了。

太液池

巧合的是，就在几年前，同样是在西苑，刚刚登基一个月的朱由校不慎落水，魏忠贤二话没说就跳进河里救人去了，就在他喝了若干湖水之后，才想起来自己也不会游泳。最终朱由校获救了，魏忠贤却差点没被呛死。这次的"见义勇为"，让朱由校更加信任魏忠贤，而大明王朝也悄然向死亡迈近。

几年后，还是在西苑，朱由校再次落水，虽然侥幸生还，但是此时的朱由校也和五年前的明王朝一样，命不久矣。

受到严重惊吓的朱由校身体状况一天不如一天，直到天启七年离开了人世。而留给后人的死亡原因，只有简单的六个字："溺水染病而亡。"

葬送国家的恋母情结——放纵奶妈客氏

北京市西城区新街口东侧，有一条蒋养房胡同。其实原来这儿叫"浆绛房"，是明朝二十四个后勤部门之一，专门负责洗衣服。这地方不仅为退休的宫

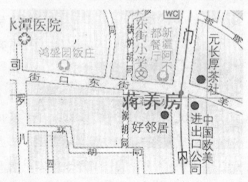

蒋养房地理位置图

客氏

蒋养房胡同鸟瞰

113

女提供了发挥余热的机会，而且还是戴罪宫女的劳教场所。

　　话说崇祯皇帝登基之后，朱由校的奶妈、魏忠贤的"名誉妻子"客氏，就被发配到了蒋养房胡同。

　　客氏18岁进宫，成了朱由校的奶妈，母子俩情深意浓，以至于让我们怀疑朱由校有恋母情结。不承想这位皇帝的恋母情结为客氏提供了为非作歹的机会；她严格控制朱由校的夫妻生活，安排养女进宫跟皇帝私通，为的就是将来能生个一儿半女，以便延续客氏和魏忠贤的荣华富贵。可惜朱由校的基因存在质量问题，生了三儿两女却纷纷夭折。直到"客氏淫乱后宫案"得以真相大白，此时后宫竟然有八个宫女怀上了龙种。我们可以试想一下，如果朱由校能多活几年，没准魏忠贤和客氏的理想真就能实现了。

　　此事的结局就是在蒋养房胡同里，客氏被活活打死，不仅如此，崇祯皇帝还下令焚尸扬灰。而此时的魏忠贤，早已在发配安徽凤阳的途中自杀了。

　　我们常说，一个成功男人的背后，总有一个支持他的女人，而朱由校和魏忠贤的故事告诉我们，两个失败男人的背后，都有一个不太地道的女人。如果没有客氏的存在，朱由校或许不会绝后，而魏忠贤也很有可能罪不至死了。

重访《乾隆京城全图》（四排五行）

在这张局部《乾隆京城全图》上，从西边数起，

第一条胡同就是因为婉容故居而得名的帽儿胡同了。

发现门头沟地宫

一座佛教寺院里，为什么会有埋葬死人的地宫？

如果这儿真是奕訢的陵寝，那昌平区麻峪村的六爷坟埋的又是谁？

两个墓地究竟谁真谁假呢？

玲珑塔悬案（上）

海淀区西里庄的玲珑公园，是因公园里有座玲珑塔而得名，

其实这座塔的真实姓名叫永安万寿塔。

"两朝天子"朱祁镇

一个不知亲情为何的天子，一个不分忠奸善恶的皇帝，

为什么一步走错，步步维艰？

为什么一个皇帝，两个年号？

重访《乾隆京城全图》(四排五行)

在这张局部《乾隆京城全图》上，从西边数起，第一条胡同就是因为婉容故居而得名的帽儿胡同了。

有句俗话说咱们北京城里是"有名的胡同三千六，没名的胡同赛牛毛"，拿南锣鼓巷来说，800多米的一条街道，东西两边就整齐地排列着16条胡同，像一条蜈蚣，所以老百姓又把这儿俗称为蜈蚣街。在《乾隆京城全图》上，南锣鼓巷被分为了两段，第三排第五行涵盖了北半段，接下来我就给您讲一下南锣鼓巷的南半段，也就是《乾隆京城全图》第四排第五行的这片区域。

116

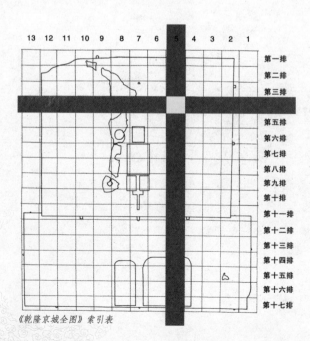

《乾隆京城全图》索引表

重访地点：《乾隆京城全图》第四排第五行

清代所属区域：内城镶黄旗领地

现代所属区域：东城区南锣鼓巷地区南段

重点重访对象：帽儿胡同、雨儿胡同、秦老胡同、炒豆胡同、北兵马司胡同

好女也愁嫁：帽儿胡同35号、37号 末代皇后婉容故居

《乾隆京城全图》局部

在这张局部《乾隆京城全图》上，从西边数起，第一条胡同就是因为婉容故居而得名的帽儿胡同了。按照史料记载，胡同里的35号和37号，就是这位末代皇后出嫁以前住过的地方。

有句俗话说"好女不愁嫁"，这话得看您怎么理解。好姑娘当然不愁嫁不出去，但是否能嫁得称心，过得幸福，可就不一定了。

话说清朝打入关之后就立了个规矩：凡年满十三岁的在旗女子，

末代皇后婉容故居

婉容故居一景

都得进宫参加秀女大选，不知道现如今流行的"选秀"这个词，是不是打清朝那会儿流行过来的。但有一点可以肯定，不管是皇帝挑老婆，还是评委挑选手，冠军不一定是最优秀的，但一定是评委们最喜欢的。

婉容正是在溥仪担任评委的时候脱颖而出，成了紫禁城里的新一代女主角儿。

从外国版的电影《末代皇帝》里能看出来，在外国人的眼里，婉容性感如陈冲。但是据我们所知，清朝皇帝选老婆，一向都不以性感漂亮为标准，因为太漂亮了会显得不稳重，说难听点叫狐媚之相。由此可知，皇帝跟当今的成功男士一样，也想找一个搁在家里放心、带到街上省心的老婆，只要不至于看在眼里恶心就行了。最重要的是贤良淑德、规规矩矩。而婉容显然不是一位符合传统标准的皇后，学音

婉容和溥仪

乐、打网球，口口声声管溥仪叫"亲爱的亨利"，所幸的是，这位大清国的宣统皇帝也是花样百出，新潮前卫，所以小夫妻俩还算是情投意合，没事儿就写写情书，送送信物，逛逛园子，聊聊理想。对于一位皇帝来说，娶个老婆并不难，但能娶位红颜知己当皇后，几率可是很低的。

只可惜好景不常，从夫妻俩离开紫禁城的那一刻起，他们的幸福生活很快就到头儿了，关于婉容后半生的颓废与放纵、嫉妒与专横，以

及那些红杏出墙、暗结珠胎的传闻，我们不妄加评论，更不愿意轻易相信。都说女怕嫁错郎，如果说婉容嫁给溥仪并没有错，那么她嫁给大清国的皇帝，嫁进一个病入膏肓的封建皇室，恐怕就是这辈子的大错特错了。

寝食难安：雨儿胡同13号 齐白石故居

从帽儿胡同往南，紧挨着的就是雨儿胡同，著名的画家齐白石老花先生曾经住在这儿。相传他卖字卖画都是明码标价，亲朋好友概不打折。话说30年代，一位朋友给齐白石画张肖像，结果老爷子以一幅画作为回报，没两天又有人给他照了12张照片，又换走了一幅画。后来齐白石越想越不划算，几天之后，他在客厅里挂了一张告示，大概意思是说，以后有人给他照相画像，一概不应酬。咱们平常总说老小孩老小孩，老人有时候也会像小孩一样直率和坦白，齐白石就是个典型，或许正是因为性格原因，才使这位老人活到了近百岁的高龄。

雨儿胡同13号，原本是清末一位大贪官的宅子，因为动用了皇宫里的建筑材料，装修档次又超了规制，所以被没收了。直到解放之后，国家出于对老艺术家的爱护，把13号院收拾出来给齐白石先生居住。但是准确地说，老爷子只是这儿的一位过客。

有人睡觉认床，齐白石就是这样的人。自打他搬到雨儿胡同之后，整天里吃不香睡不着，老惦记着老院子里的那些花花草草，冥思苦想怎么才能找个理由搬回家。但是老爷子实在，不会编瞎话，实在按捺不住了只好跟领导哭诉说："住在新家里找不着创作灵感，您就放我回

雨儿胡同13号

去吧。"结果无奈之下经过会议讨论，齐白石被批准搬回了旧宅子。而雨儿胡同13号以后就被当做了齐白石纪念馆。

老年人的固执和艺术家的浪漫结合在一起，便是齐白石的性格特点。据他的学生回忆，1955年发行新版人民币，回收旧版，眼看着就要到兑换截止日期了，齐白石让两位女弟子去替他换钱，就要一块钱一张的。这可不是为了数着过瘾，而是因为一块钱的纸币是粉色的，老爷子说了："粉色的好看，别的颜色都不可爱。"结果一大袋子钱换回来以后，俩徒弟数了大半天，从此齐白石的财产情况再也不是秘密。但是据他的学生回忆说，按照现在齐白石作品的价格，那些钱恐怕连一张字画都买不下来。

齐白石

皇后的姥姥家：秦老胡同35号 索家花园

在《乾隆京城全图》第四排第五行这张图上，东边的胡同从上往下数第一条是秦老胡同，在这条胡同里有一个花园很有名，叫"绮园"，是清朝末年内务府总管大臣索家的花园，至于这位索大人全名叫什么，我们没有查到，但是发现绮园还有一个很特别的名字。

秦老胡同原来叫秦家胡同，估计这条胡同里曾经住过一家姓秦的大户人家，由此而得名。但是我们今天要走访的35号院儿的主人，并非姓秦，而是姓索。

这位索大人是清朝末年内务府的总管大臣。平时咱们总提内务府，这个机构到底都负责什么呢？用现在的话讲，内务府相当

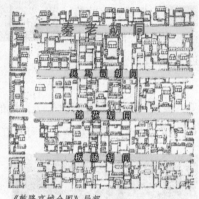

《乾隆京城全图》局部

于后勤部门，从皇帝选媳妇到皇宫修房子，从骑马坐轿到婚丧嫁娶，内务府全都管，像什么会计、保安、司机、工匠等等等等，加起来得有五十多个分支机构，三千多号人。所以这位索大人可见权力不小。

秦老胡同35号

就是这么一位高级官员，却只知其姓，不知其名。就连秦老胡同35号的宅子还是因为索家后代的一位儿媳妇出名的。这位后代叫曾崇，儿媳妇不是别人，正是末代皇后婉容的姨妈，所以老百姓都说这儿是"皇后的姥姥家"。

院内一景

其实婉容原本有两位母亲，她的亲妈是位皇族的小姐，人称四格格，知书达理，才貌双全，只可惜红颜薄命，四格格早逝，只留下两岁的婉容，继承了母亲的大部分优点。而照片上这位戴着墨镜的时髦老太太，则是婉容的继母，军机大臣毓朗家的二小姐，人称二格格。从母女俩亲密的神态中能看出来，这位后妈跟婉容的感情相当好，据说婉容出嫁之后，俩人还经常到北海溜达溜达，聊聊

婉容与继母

家常。

话说到这儿，关于秦老胡同的索家儿媳妇究竟是婉容亲妈的姐妹还是后妈的姐妹，至今没有答案，而在婉容坎坷的一生中，我们也没有见到关于这位姨妈的任何记载。甚至有人传说，婉容病重之后直至去世，她的娘家人都没有出现过。

122

毁誉参半：炒豆胡同 板厂胡同 僧格林沁王府

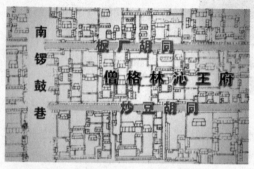

《乾隆京城全图》局部

僧格林沁，这个名字相信大家都不陌生，他是蒙古族人，生于科尔沁草原。咸丰九年（1859），僧格林沁在天津大沽海口打败了入侵的英军，取得了大沽口保卫战的胜利，也是自1840年西方列强入侵以来，中国军队抵抗外国入侵所取得的第一次重大胜利。

南锣鼓巷东侧两条相互依偎着的炒豆胡同77号、板厂胡同30、32号院是僧格林沁王府。王府的前门在炒豆胡同，后门在板厂胡同，分为南北两部分，这是因为在建造王府的时候不是一气呵成的。原因有二：一个是建府中期资金不到位，另一个是因僧格林沁是蒙古王爷，不能在北京城里建府，所以在勉强建完北府后不得不停工。后来僧格林沁为国出征战死疆场，两宫皇太后都深表惋惜，这才拨款修了南府。僧格林沁没享受这处王府几天，就分了家产，一处给儿子，一处给孙子。

僧格林沁是

南府一景

僧格林沁

道光的亲妹夫蒙古科尔沁王索多那木特斋嗣子，论辈分，他是咸丰的姑表兄弟。他英勇善战，屡创战功，还得到了当年最最至高无上的赏赐——和咸丰皇帝拥抱。现如今甭管男女，见面打招呼都难免握一下抱一下的，但是早在清朝可没这礼节。僧格林沁竟然成为了清朝开国以来唯一一个拥抱皇上的大臣，可见其地位之重。

关于僧格林沁，有人认为他是镇压农民起义的刽子手，有人说他是晚清政府中抗击外敌的第一人，但谁也不能否认他是晚清朝廷少有的能征善战的将领之一。然而，毁也好赞也好，功过也只能由后人评说，对于九泉之下的他，只是尽到了一个封建王朝王公大臣应尽的责任而已。

清末遗老再就业：北兵马司胡同1号 赵尔巽故居

没读过《清史稿》的人，一般不敢对清朝的历史妄加评论，更别说著书立说了。但是有专家说过，《清史稿》也有错误。为什么这么一部巨著的真实性会引起人们的质疑，《清史稿》是否真实可靠，它又为什么不叫《清史》而要叫《清史稿》呢？这话茬儿还得从那位住在北兵马司胡同的作者说起。

民国初期，也就是公元1914年，几十位清朝遗老在失业三年之后，又摩拳擦掌地准备再就业了。为什么？因为清史馆

赵尔巽故居

的馆长赵尔巽要组织编纂一部上到努尔哈赤称汗，下到清朝灭亡，纵贯296年的清朝历史。而这些遗老们，自然就成了编辑部里的活字典了。

赵尔巽住在北兵马司胡同一号。当年张之洞调动工作，由湖广总督变成了军机大臣，赵尔巽就继任了湖广总督一职。直到辛亥革命之后，袁世凯设立了清史馆，赵尔巽也被调回北京当了馆长。当时丰富的清宫记

赵尔巽

载、私人著作和文化典籍，都为《清史稿》提供了可靠的资料。尽管如此，还是有学者对这部史书做出了以下评价，说《清史稿》"体例不合，人名先后不一致，一人两传，目录与书不合，纪表传志互不相合，有日无月，人名错误，泥古不化，简陋，忽略"。

为什么一部史书著作会有如此缺陷呢？这就得从它的名字说起了。《清史稿》之所以不叫《清史》，就是因为这部著作当年并没有定稿，从1914年到1927年，前后14年，本来应该仔细编校，谨慎出版。但是由于当时政局混乱，更重要的是主编赵尔巽年事已高，再慢工细活的恐怕老爷子都等不到正式出版那一天了，就这样，《清史稿》1928年投入刊印，第二年就草草出版了。而赵尔巽却还是没能亲眼看到自己后半生的心血结晶，他在1927年就去世了，享年83岁。

南锣鼓巷地区因为保持了元代街区的风貌，而且汇聚了众多的名人故居，包括5个市级文物保护单位、12个区级文物保护单位，因此被列为北京市25个历史文化保护区之一。除了咱们节目里介绍的那些宅门儿府第之外，这里还有很多风格各异的饭馆酒吧，它们和北京胡同的古老气息融为一体，是新北京和老北京和谐并存的典型代表。若想在最短的时间来体会北京的风韵，南锣鼓巷绝对是个好选择。

发现门头沟地宫

　　一座佛教寺院里，为什么会有埋葬死人的地宫？如果这儿真是奕訢的陵寝，那昌平区麻峪村的六爷坟埋的又是谁？两个墓地究竟谁真谁假呢？

　　恭亲王奕訢想必大家都不陌生。据史料记载，道光皇帝曾经想在四阿哥奕詝和六阿哥奕訢之中挑一个来继承皇位，于是就找各种机会来考验他们。一次狩猎，奕訢满载而归，而资质平庸的奕詝两手空空。道光皇帝问他为什么无功而返，他说："春天来了，母兽都怀了孩子，我不忍心伤害他们。"道光一听，嗯！这孩子仁厚，是个当皇帝的料。如此几次考验下来，奕詝成为了皇位的继承人，这就是后来的咸丰皇帝。而奕訢心中的郁闷我们是可想而知的。但是有句话说"是金子到哪儿都发光"，奕訢虽然没当上皇帝，但是日后成为了咸丰、同治、光绪三朝的重臣，而接下来的故事，就从恭亲王奕訢最倒霉的时候说起。

恭亲王奕訢

　　翻云覆雨的一场辛酉政变，《垂帘听政》里一个暧昧眼神，恭亲王奕訢就这样和慈禧太后产生了扯不断理还乱的叔嫂关系。当年咸丰皇帝把他挤下了皇位，却依然予以重用，后来慈禧太后把他挤下了政坛，却多次官复其职，这位恭亲王奕訢究竟有多大能耐，让人不得不用，又不得不防呢？

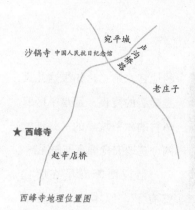

西峰寺地理位置图   西峰寺

前两天，门头沟博物馆的齐馆长打来电话，说门头沟区的西峰寺里有个恭亲王奕訢的地宫，让我们抽空去看看。

众所周知，地宫就是帝王陵墓地下的墓穴，也就是存放棺材的地方。难道恭亲王的棺材就安葬在西峰寺吗？不能够啊。

在从前的节目里咱们曾经介绍过，在昌平区的麻峪村有个六爷坟，而这个六爷，指的就是恭亲王奕訢，墓地上现在还立着一个雕刻精美的牌楼呢。那么西峰寺的地宫又是哪来的呢？您还真问着了，正是麻峪村和西峰寺的两处恭亲王坟，记载了"鬼子六"奕訢一辈子的荣辱悲欢。

六爷坟

因为有齐馆长领路，寻找西峰寺的过程比以往都要顺利得多。这一路上记者琢磨俩问题：第一，一座佛教寺院里，为什么会有埋葬死人

西峰寺的石碑

的地官？第二，如果这儿真是奕訢的陵寝，那昌平区麻峪村的六爷坟埋的又是谁？两个墓地究竟谁真谁假呢？

话说西峰寺早在唐代就有了，原本这儿只是戒台寺的一个下院，叫"会聚寺"，专门用来火化去世的和尚，功能应该相当于现

在的八宝山火葬场。到了明代，一个叫陶容的太监刚巧路过，看见这座寺庙挺破，于是就举办了一次太监圈里的慈善募捐活动，重修寺庙，现在西峰寺的石碑上还刻着当年主要捐款人的名字。而西峰寺的名字，则是当时的国家领导人，"夺门之变"的一号男主角儿——明英宗朱祁镇亲笔题写的。

明英宗朱祁镇

128

一转眼到了清朝末年，西峰寺日渐衰败，而南边的戒台寺却一直香火挺旺。直到光绪十年，戒台寺里来了一位退休高干，这就是恭亲王

奕訢。

自打承德的辛酉政变结束之后，奕訢一度成为慈禧太后的左膀右臂，叔嫂俩人那个默契劲儿，要搁在现在，肯定能成为"娱记"们炒作绯闻的丰富材料。话说到这儿，您知道当时的大臣为什么都管奕訢叫"鬼子六"吗？"六"顾名思义，奕訢排行老六，而"鬼子"的含义可就复杂了。这位六爷的确聪明，有能力有成就，难免有点鬼机灵，这是其一；其二呢，众所周知，奕訢是洋务派的领袖，"洋鬼子"这个头衔就这样安在了奕訢的头上，这里边包含更多的是保守派大臣们对他的讽刺和不满。

奕訢的聪明是毋庸置疑的，但是他还有一个特点，就是不会来事儿，怎么讲呢？您看当年他跟四哥奕詝竞争皇位的时候，干得多，说得少，结果被一个无才无德的瘸哥哥给淘汰掉了。按说吃一堑得长一智吧，等到了辅佐嫂子慈禧的时候，奕訢又因为不会来事儿，被迫提前退休了。

话说同治八年，恭亲王奕訢先是支持杀掉了慈禧太后的亲信太监安德海，叔嫂之间的隔阂由此产生。同治皇帝要修缮圆明园为老妈慈禧太后祝寿，这会儿奕訢又站出来说话了，说大清国正是财政紧张的时候，不适合铺张浪费。这回可是正经把慈禧气着了。直到光绪七年三月，慈安太后去世，奕訢在朝廷里成了孤家寡人。这时候宫廷里只有两类人：支持慈禧的和反对慈禧的，唯独奕訢夹在中间，进退两难。最终老爷子的棱角给磨平了，意见没了，建议也没了。光绪十年，也就是1884年，奕訢被免去了一切职务，他的全班人马都被赶出了军机处和总理各国事务衙门。也就是从这天起，这位大清国的第二把手办完了内退手续，到戒台寺养老来了。

奕訢错就错在原则性太强，无论是辛酉政变，还是杀安德海，直到阻挠修缮圆明园，这位六爷的观点都没错，但错就错在他幻想着跟慈禧太后讲道理，幻想着以他的一己之力能拯救病入膏肓的清王朝。等到他弄明白状况的时候，接纳他的就只有戒台寺这片清静之地了。

奕訢在戒台寺住了十年，在这段时间里，老爷子出钱修缮了以牡丹院为主的大部分寺庙建筑。戒台寺的和尚为了感谢这位老王爷，就把下院西峰寺送给奕訢，当做死后的安身之所。

西峰寺的地宫修得非常豪华，但是齐馆长告诉我们，这座地宫里安葬的并不是奕訢，而是他的第二个儿子——载滢。

但是值得一提的是，在"载"字辈儿里，并没有人继承恭亲王的爵位，奕訢之后的下一代恭亲王，是载滢的儿子溥伟，也就是说，载滢并非亲王，而他死后安葬在这样一座高等规格的地宫里，显然是越制的。

西峰寺的地宫，跟我们以前走访过的王坟不太一样，停放棺椁的棺床前面并非平地，而是一条神河。现如今水位上涨，已经把河上的石桥给淹没了，所以我们只能走到墓门口往里张望。据说这两扇石门分别重达两吨，大概相当于一辆悍马汽车的重量，推开这两扇门显然不是容易的事情。站在门口我们依然可以看到棺床上方有一个黑洞，据齐馆长说，这是当年奕訢修地宫的时候留下的缺憾，一直没有补上那块砖，以至于后来的盗墓者就是从这个黑洞钻进墓穴的。

话说到这儿，我们不得不问：为什么如此豪华坚固的地宫没有安

黑洞

神河　　　　　　　　　　　　石门

葬奕訢，反而成了他的次子载滢的墓地呢？是奕訢临终之前改变主意了，还是西峰寺的地宫在修缮过程中出现了问题？奕訢到底是怎么去世的，是死在了戒台寺，还是恭王府呢？咱们接着往下看。

　　或许任何跟慈禧太后有过瓜葛的人，都注定了身不由己。十年之后，奕訢在慈禧的强迫之下再次上岗就业，继续给嫂子打工。可惜的是，再次走马上任的恭亲王奕訢再也找不回当年的激情。当年的千里马，虽然仍然志在千里，但无奈已经是老骥伏枥了。四年之后的1898年3月2号，奕訢离开了人世，享年66岁，光绪皇帝为此放假五天，以示哀悼，而奕訢则被追谥为"恭忠亲王"，还在昌平区的麻峪村为他赐了墓地。值得一提的是，清自入关后，共历十帝，王公大臣们能被追谥为"忠"的，除了当年的睿亲王多尔衮之外，就只有奕訢一位王爷了。俩人分别处于清朝首尾，又都与嫂子有着剪不断理还乱的瓜葛，两个人中豪杰，恐怕这辈子唯一读不懂的一个词，就是"女人"二字了。

发现门头沟地宫

131

玲珑塔悬案（上）

海淀区西里庄的玲珑公园，是因公园里有座玲珑塔而得名，其实这座塔的真实姓名叫永安万寿塔。

一位不守信用的皇太后私扣佛家圣物，拒绝按期归还，三颗隋代御赐的舍利子，一颗神秘失踪，无法完璧归赵。京城西北八里庄的玲珑塔成为争论焦点，这里究竟是供奉赃物还是空空如也？本期我们为您讲述玲珑塔悬案——失踪的佛舍利。

海淀区西八里庄有一座玲珑公园，因为里边有

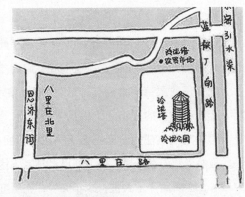

玲珑塔公园地理位置图

永安万寿塔

一座玲珑塔而得名。玲珑塔这种叫法只是老百姓给它起的一个俗名，其实这塔的真实姓名叫永安万寿塔。

早年间这地界儿是北京城里有名的大

寺庙，叫慈寿寺。不承想，在清朝光绪年间遭遇了一场特大火灾，除了这座塔和两块石碑幸免于难，其他建筑烧得连影儿都没了。所以当年就流传着一种说法，说这塔有神灵护佑着，而这神灵就是一颗舍利子。

话说公元1576年，当朝万历皇帝的亲妈李太后突发奇想，要修建慈寿寺。

● **慈圣皇太后个人档案**

姓　　名：由于出身卑微，闺名不详，人称李太后。如此推测，她姓李。

祖　　籍：漷县（今北京市通州漷县镇）

出生日期：1545年

享　　年：70岁（当时属于高寿）

职　　业：18岁以前是宫女，20岁封为贵妃，26岁提为慈圣皇太后。

家庭成员：丈夫是明朝第十二位皇帝隆庆皇帝。二子一女，大儿子是明朝第十三位皇帝万历皇帝，二儿子是潞王，一女是永宁公主。

慈宁宫：乌鸦变凤凰

隆庆皇帝

如果说把母以子贵当成女人的一种创业模式的话，明朝的李太后和清朝的慈禧太后都属于典型的成功案例。

李太后刚进宫的时候，虽是一名宫女，但长得可是有几分姿色。一个偶然的机会让隆庆皇帝看上了，还生下了一个儿子，这就是后来的万历皇帝。俗话说母以子贵，李太后就这么一夜成名了，从最初的宫女宿舍名正言顺地搬进了慈宁宫。

但不承想，因为她出身卑微，又一下子从乌鸦变成了凤凰，所以遭到了当时很多大臣的非议，坚决禁止她和亲儿子同桌

慈宁宫

吃饭。在我们今天看来，明朝的规矩实在多得不近人情，大臣们呢，也多是泥古不化。在他们的脑子里没有人情，只有祖制。但是人一走运谁都拦不住，李太后的老公隆庆皇帝去世了，年仅10岁的万历登基了，而压抑了多年的李太后瞅准了时机，以照顾皇帝起居为由，一屁股又坐进了乾清宫，开始了她垂帘听政的生涯。

为了摆脱自己卑微的出身，李太后想尽了一切办法洗心革面。您能想象吗，女人要是狠起来比谁都狠，辅佐皇帝干预朝政，这只是个开始。为了获得所有大臣的尊崇，她又耍起了装神弄鬼的勾当，非说自己是九莲菩萨转世。为了自圆其说，就开始在北京城里大肆修建寺庙，愣就是把煤球给说成白的了。

慈寿寺：菩萨转世

李太后一生笃信佛教，为了能让所有臣民对她心服口服，她开始在这上边大作文章，声称九莲菩萨给她托了个梦，向她传授九莲经文，当时还盛开了无数的睡莲。更让人匪夷所思的是，醒了之后，她居然还能一字不差地把经文全给背出来。从此，她就自封为九莲菩萨，开始大肆兴建寺庙，什么承恩寺、海会寺、东岳庙，动不动就是耗资上万。当然了，在这其中，最铺张浪费还是这座慈寿寺了，至今也没人能够算清

楚她到底花了多少银子盖的这寺。

承恩寺

东岳庙

海会寺

　　但是话说回来了，在当时的藏典和寺院佛像中根本就没有九莲菩萨这个形象，也没有这种称呼。如此说来，这位李太后的编剧才能不可小视啊。打那以后，大明朝没有了皇太后，上至皇帝，下到黎民百姓，张嘴闭嘴就都叫她"九莲菩萨"了。

　　而眼前的这座永安万寿塔，就是按照莲花的造型设计的。您看托着塔的这个底盘就是一朵盛开的大莲花，据说里边供奉着的就是那颗传说中的神灵——佛舍利。话说到这份儿上了，那咱得问问，佛舍利可是佛教的圣物，李太后是打哪请来的呢？这话还得从位于北京房山区的云居寺说起了。

永安万寿塔

局部

云居寺：皇帝赏赐佛舍利

云居寺，隋末唐初的历史遗迹，是咱北京地界儿里历经朝代最多的寺庙。说来也巧，从隋到明六个朝代的云居寺住持，都主持着同一件事，那就是刻石经，把经书的内容刻在山石上。殊不知，这都是继承了云居寺的创始人静琬大师的伟大事业。

● **静琬大师个人档案**

法　　号：静琬

出生日期：不详

圆　　寂：公元639年，唐朝贞观年间

工作单位：北京房山区云居寺

工作内容：30年刻石经不止

工作业绩：创建云居寺

最高荣誉：被皇帝赏赐佛舍利

静琬大师是一位非常有前瞻性的高僧，搁咱们现在讲，这叫眼光放得长远。他把手里的经书全都刻在了山石上，每刻完一批就凿个洞封上口，为的就是让经书的内容能够妥善保存，永远流传于世。他这一刻就是30年，当时他一共开辟了九个石经洞，面积最大、石经最多的当数中间的那座雷音洞了。

那年是隋大业7年，也就是公元611年，隋炀帝杨广来到云居寺视察工作，看见静琬大师那正刻着呢，一问才知道，原来天底下竟然有如此虔诚的僧人。五年之后，隋炀帝赏赐了静琬大师最高荣誉：三颗佛舍利。

静琬大师二话没说就把舍利供奉在了云居寺的南塔里边，可是他心里反而不踏实了。俗话说树大招风、不怕贼偷就怕贼惦记，正是这种

云居寺石经洞

心理，静琬大师竟然神不知鬼不觉地把这佛舍利给转移了，一颗悬着的心终于踏实下来了。

隋炀帝杨广

就这样，静琬大师算是在他生前了了一桩心事。但是他并不知道，就是这么几颗佛舍利，却在他圆寂后的几百年里上演了一个又一个的传奇故事，正所谓无巧不成书啊。既然是由舍利引发的故事，那咱得问了，究竟这佛舍利藏哪了呢？竟然还让人给找出来了。答案就在《玲珑塔悬案》下集中。

佛舍利

"两朝天子" 朱祁镇

一个不知亲情为何的天子，一个不分忠奸善恶的皇帝。为什么一步走错，步步维艰？为什么一个皇帝，两个年号？

任何一个王朝都有从兴到衰的过程。比如明朝，也曾经有过太平盛世，那是在朱棣定都北京之后，经历了仁宗、宣宗两朝，明朝社会日渐稳定，边疆也没有什么战乱，这个时期史称"仁宣之治"。明王朝由兴到衰再到灭亡，一共经历了276年。明亡自天启，这位天启皇帝就是明朝的倒数第二位皇帝朱由校。而偌大一个王朝，究竟是在什么时候开始走向衰败的呢？那就是继"仁宣之治"之后的正统朝，而当时在位的皇帝，就是明英宗朱祁镇。

他出生两个月，就被立为太子，却至死不知道生母是谁。他率兵五十万，却败于敌军两千人，被俘之后又遭兄弟囚禁。一个不知亲情为何的天子，一个不分忠奸善恶的皇帝，为什么一步走错，步步维艰？为什么一个皇帝，两个年号？《这里是北京》为您讲述大明往事之"两朝天子"——明英宗朱祁镇。

● **朱祁镇在京档案**

姓　　名：朱祁镇

出生日期：1427年11月11日

属　　相：羊

结婚年龄：17岁

享　　年：37岁

年　　号：正统、天顺

所处时期：明朝由兴转衰时

138

生母不明的皇太子：紫禁城 坤宁宫

　　每个步入紫禁城的女人，都把入主坤宁宫当做自己的终极目标，因为这里的一切都是专为皇后准备的。尽管十几年甚至几十年才有一个胜利者实现梦想，但还是有无数的女人有着马拉松运动员的耐力和百米冲刺的爆发力，一旦站在起跑线上，就再也没人能拦得住她们。明英宗的母亲孙

坤宁宫地理位置图

坤宁宫

贵妃，就是这样一个优秀的运动员。

　　孙贵妃是宣宗最宠幸的女人，只可惜，皇宫里也讲究先来后到、论资排辈。皇后之位早已有了人选，孙氏只能屈居贵妃。宣宗一心想废掉皇后扶正孙氏，可惜一直找不到借口。直到有一天孙贵妃得了一个儿子，这就是后来的明英宗朱祁镇。

　　之所以说"得了一个儿子"而不说"生了个儿子"，是因为我们至今无法确

孙贵妃

《明史稿》

定朱祁镇究竟是不是孙贵妃亲生的。更多的人怀疑，朱祁镇的亲妈只是个宫女。孙贵妃为了当皇后，才抢了别人的儿子据为己有。据《明史稿》记载，孙贵妃"子宫人之子、于是眷宠日重"，也就是说，孙贵妃把宫女的儿子认作自己的儿子，日益得到宣宗的恩宠。

最终孙贵妃变成了孙皇后，坤宁宫也换了主人，而朱祁镇则是在他在位的最后一年才从老婆钱皇后嘴里得知了自己的身世，而这个时候已经走到生命尽头的他，已经没有能力去查清自己的亲生母亲到底是谁了。

朱祁镇出生两个多月就被立为了皇太子。朱祁镇登基的时候只有7岁，当时孙皇后已经去世了，年幼的小皇帝靠当朝的太皇太后张氏协理朝政。祖孙俩的这种关系，非常像清朝初年的孝庄太后和康熙玄烨。当时除了张太后之外，还有三个姓杨的大臣尽心尽力地协办朝政，所以应该说正统初年明朝仍然是太平盛世、平稳发展。朱祁镇也逐渐成熟，长大成人，终于在17岁那年娶妻成家了。

细心的丈夫：十三陵 裕陵

明英宗朱祁镇去世之后，安葬在十三陵裕陵。英宗墓穴的左边，则安葬着他最爱的女人钱皇后。俗话说

全国重点文物保护单位
十三陵 裕陵
中华人民共和国国务院
一九六一年三月四日公布
北京市文物事业管理局 一九八一年七月立

夫妻俩要"生同床、死同穴"，帝后合葬的陵墓并不少见，大都是头挨头、肩并肩。但是据史料记载，钱皇后和朱祁镇的墓穴隔着老远，而且之间的通道早已被堵死，这是为什么呢？

话说朱祁镇活了37岁，生了8儿8女，但最后确定的太子却是周贵妃的儿子。尽管如此，英宗对他的结发妻子钱皇后仍然是相敬如宾，恩爱有加。

这个细心的男人，不仅生前对老婆呵护备至，就连临终之际还不忘了留下遗命："钱皇后千秋万岁后，与朕同葬。"这话明着是说给大臣们听的，而实际上却另有所指。这所指之人，就是皇太子的生母——周贵妃。

明朝有个惯例，只允许一帝一后同葬。英宗的临终遗言的潜台词是：我只有一个皇后，任何人都不能取代她。

但是不管明英宗生前如何细心安排，从他撒手人寰的那一刻起，就注定对日后发生的一切都鞭长莫及了。果不其然，宪宗登基之后，身

明宪宗

为皇帝生母的周贵妃哭着嚷着要确立自己的太后地位，而此时刚刚经历丧夫之痛的钱皇后，只能用"无依无靠"来形容了。

明朝的大臣尽管有着迂腐、固执、教条等诸多缺点，但他们都有一个共同的优点，就是原则性强。钱皇后去世之后，周贵妃竟然从中作梗，阻止她与英宗合葬，而此时大臣们的反应居然是百官伏哭文华门外，以示反对。

最终钱皇后如愿以偿地入葬十三陵裕陵，但周贵妃仍然从中作

梗，命人把钱氏安葬在英宗墓穴的左边，而右边的空位则留给她自己。不仅如此，钱皇后的棺椁距离英宗有好几丈远，而且中间的通道被结结实实地堵死了。这正寄托了周贵妃的一个愿望：让这一对恩爱的夫妻即使到了阴间也没有相见的可能了。

朱祁镇是个细心的男人，还是个负责任的丈夫。更重要的是，他把宠幸后妃和确立太子分得比较清楚。如此说来，朱祁镇应该算是一个比较理智的男人。但是为什么历史上对他的评价却大都是昏庸、无能等等贬义词呢？究竟是谁毁了朱祁镇呢？罪魁祸首只有一个人，这就是一直被朱祁镇称做"王先生"的司礼太监——王振。

耻辱的纪念：王振家庙 智化寺

智化寺原本是朱祁镇为王振建立的家庙。当年这位年轻气盛的皇帝在太监王振的撺掇之下，竟然御驾亲征，结果五十万大军败在了敌军区区两千铁骑之下，朱祁镇一夜之间由天子变成了阶下囚，与其用"惨烈"来形容这场战争，还不如说丢人现眼更加贴切。

幸运的是，敌军首领也先有着蒙古人的仗义和实在，他对朱祁镇可谓是礼遇有加。

王振

据史料记载，也先每两天给朱祁镇送一只羊，七天送一只牛，每天都送马奶。隔三差五就为他操办筵席。当然，他把这位明朝皇帝养得白白胖胖的，最终目的只有一个：挟天子以令诸侯。

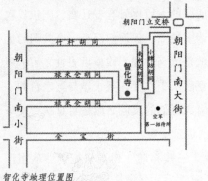

智化寺地理位置图

智化寺

不承想朱祁镇有个野心勃勃的弟弟朱祁钰，北京城有个以大局为重的于谦。君臣俩根本不理明英宗的茬儿，我们大明朝不趁别的，就趁皇帝，您俘虏一个，我们就再立一个。就这样，明英宗失去了价值，最终被也先上赶着送回了北京。毕竟 喂养这么一位金贵的皇帝成本挺高的。

不知道是朱祁镇过于憨厚还是太糊涂，他始终没有意识到自己的惨败和被俘是王振唆使出征的结果，反而非常怀念这位陪他长大的太监，于是在禄米仓胡同为他修了这座智化寺。估计朱祁镇永远也想不到，这座本意用来纪念王振的家庙，却成了"土木之变"、"英宗被俘"的警钟，至今人们经过这里，除了会想起王振的罪过之外，更不会忘记那个偏听偏信、毫无判断能力的昏庸皇帝朱祁镇了。

王振原本是个教育工作者，眼看着干不出什么业绩来，于是痛下决心，不仅不当老师了，连男人都不想当了，就这样，王老师变成了王公公，王振当太监了。其实早在明朝初年，对太监的管制是非常严格的，不许他们读书识字，更不许过问朝政。直到朱棣发动"靖难之役"的时候，好多太监都投奔了朱棣，从而获得了一些地位。

敌我不分：洪庆宫郕王府（现南池子普度寺）

明代北京的皇城外边东南方向有一座洪庆宫，又称南宫，也就是现在南池子普度寺的所在地。当年明英宗在位的时候，这里被叫做郕王府。

所谓郕王，就是英宗朱祁镇的弟弟朱祁钰，兄弟俩只相差一岁。我们可以想象，身为皇子，打一出生就知道自己没有当皇帝的命，确实是一件比较郁闷的事儿。

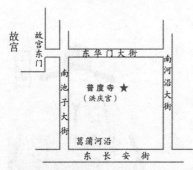

洪庆宫地理位置图

不承想正统十四年，也就是1449年，皇帝哥哥朱祁镇被太监王振忽悠上了战场，不幸被俘。于是皇帝的帽子砸到了郕王朱祁钰的头上，随后大明的年号也从原先的"正统"，改成了"景泰"。

国家正值危难之际，景泰帝及时登基，打消了敌军"挟天子以令诸侯"的念头，这原本没错。我们甚至可以理解为，如果不是因为明朝换了皇帝，朱祁镇失去了俘虏价值，他还没那么快会被放回来。

但是后来事情的发展，难免让人们对景泰帝朱祁钰有点失望，英宗也正是在这个时候彻底混淆了兄弟与敌人的概念。

就在也先打算送英宗南归的时候，身为弟弟的朱祁钰态度极为消极。后来右都御史杨善等大臣主动请求出面谈判。没承想，朱祁钰给他们的诏书上只提出议和，至于哥哥朱祁镇的归属问题，一个字儿都没提。最终杨善只好变卖了自己的家产，准备了点礼物，去跟瓦剌军谈判，这才算是救回了朱祁镇。然而北京城迎接他的不再是奉天殿的龙椅，而是南宫的一间囚室。此后这位被奉为太上皇的明英宗，再没有走出南宫一步，只能靠钱皇后做点针线活贴补家用。多年来他一直想不明白一个问题，为什么敌人尚能善待我这个俘虏，而我自己的亲弟弟却要如此赶尽杀绝呢？

重访《乾隆京城全图》（八排三行）

东四附近的内务部街，

就是当年隆庆皇帝朱载垕经常光顾的地方，

当时叫勾栏胡同。

发现顺承郡王府

在房山区长沟乡发现了一座园寝，

据说就是顺承郡王勒克德浑及其子孙的家族坟墓。

玲珑塔悬案(下)

静琬大师虽然圆寂了，

但是却给后世留下了一个谜，

那就是这三颗佛舍利到底供奉在哪了？

英宗代宗的兄弟情仇

他，一个贤德的王爷，一个勤政的皇帝；

他，一个战败的俘虏，一个落魄的囚徒。

兄弟二人，原本手足情深，为何落得骨肉相残……

重访《乾隆京城全图》(八排三行)

东四附近的内务部街，就是当年隆庆皇帝朱载垕经常光顾的地方，当时叫勾栏胡同。

明代文学家沈德符曾经记载过一个小故事，说明朝的隆庆皇帝朱载垕非常节俭，有一次他想吃一种叫"果饼"的小吃，于是就叫太监去准备。过了一会儿，御膳房负责做甜食的太监就把需要购买材料的预算给皇帝报上来了，大概需要十两银子。皇帝朱载垕一看，乐了，说你们别糊弄我，我要吃的果饼，只需要5钱银子就能到勾栏胡同买一大盒子。

给您讲这个故事，是为了说明一个问题，隆庆皇帝朱载垕经常光顾东城区的勾栏胡同，对那地方的市场行情都特别了解。但是话说到这儿我得问问，您知道这勾栏胡同早在明朝那会儿是个什么地方吗？

老北京的红灯区：勾栏胡同（现内务部街）

东四附近的内务部街并不难找，这就是当年隆庆皇帝朱载垕经常光顾的地方，当时叫勾栏胡同。

虽然《乾隆京城全图》上并没有明确的记载，但可以肯定的是，在第八排第三行这片区域里，最北边的这条胡同就是我们要找的勾栏胡同。话说北洋军阀时期内务部就设在这条胡同里，打那儿以后，北京的老百姓就知道内务部街，而把勾栏胡同这个名

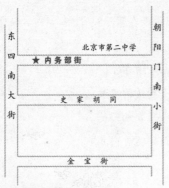

内务部街地理位置图

字慢慢淡忘了。

据史料记载，当年北京的娱乐场所也分三六九等，勾栏胡同就是高档娱乐场所的聚集地，美其名曰"官妓"。所谓官妓，至少是合法的、允许政府官员自由出入的。

隆庆皇帝

北京的胡同赛牛毛，当时能跟高级娱乐场所挂上边儿的也不在少数，什么粉子胡同、送姑娘胡同、演乐胡同，一听名字，就离不开胭脂水粉、歌舞升平。但是"勾栏"这个词，在当时的餐饮娱乐服务行业中究竟代表什么呢？

官妓

您还真问着了，勾栏就是咱们通常所说的栏杆，当时不少女艺人就在胡同里倚着栏杆揽客卖唱，久而久之，"勾栏"就成了高级娱乐场所的代名词，而这条胡同也就被俗称为勾栏胡同了。

现如今再到东四一带，勾栏胡同您是找不着了，取而代之的是内务部街这个名字。到了北洋军阀时期，北洋政府把内务部设在了这条胡同里，这才改名叫内务部街，一直沿用至今了。

现如今都讲究特色街区，看来这"官妓一条街"也属于明代的特色街区了。有意思的是，这么一条烟花柳巷，到了道光年间，这条胡同里的11号院变成了六公主府，又是一个妓院变成凤凰窝的典型案例，跟从前咱们介绍过的粉子胡同非常相似。其实这种现象是有情可原的，因为明朝的妓院大都开在内城，而到了清朝，推行满汉分居，内城的妓女没了，住进了皇亲国戚、达官显贵，所以过去的烟花柳巷也就都变成高宅大院了。

好了，说完勾栏胡同，咱们顺着《乾隆京城全图》由北往南走，就该是大家熟悉的史家胡同了。

一日夫妻百日恩：史家胡同 洪钧宅

区别于勾栏胡同的是，史家胡同的名字没改，地方也好找。这条胡同里大宅门儿不少，但是今天咱们要拜访的洪钧宅，却没有具体的门牌号记载。

洪钧是谁您或许不知道，但他的老婆可是娱乐界的名人，本名傅彩云，艺名赛金花。古今中外，达官显贵娶个女艺人当小老婆并不新鲜，"逢场作戏"也成了男人喜新厌旧的常用借口，但是洪钧和赛金花却是例外。

洪钧深受慈禧太后的器重。这位同治年间的状元郎，清末著名的外交官，在国

洪钧和赛金花

外住惯了别墅，乍一回北京还有点不适应，于是带着三夫人赛金花在史家胡同建了一座中西合璧的宅子，算是安了家落了脚。

赛金花是洪钧在苏州的一个小歌厅里认识的。据说当时洪钧和几位相当于中层干部的人物偷着去的歌厅，一是怕暴露身份被媒体曝光，二就是洪钧正处于守孝期间，出入娱乐场所实在有失体统。但是万万没想到，当堂堂的状元碰上赛金花这么一位歌厅小姐之后，居然不能自拔了。于是守孝期刚一满，洪大人的新媳妇就娶回家了。

洪钧对赛金花那是真好，甭管是出差出国，走到哪儿带到哪儿。而此时的赛金花也不是什么三姨太了，俨然一位堂堂正正的状元夫人。

赛金花

这对于歌女出身的赛金花来说，绝对是麻雀变凤凰了。

只可惜好景不常，洪钧55岁就因病去世了，赛金花的好日子也到了头儿。洪钧本来是个怜香惜玉的人，怕赛金花无依无靠，就给她留了五万两银子。结果呢，银子被洪钧的弟弟中饱私囊了，苏州的另外两位洪夫人也把赛金花轰出了家门。这位风光一时的状元夫人、外交太太，只好回到上海重操旧业，但是这时候她已经不再是那位风华正茂的清纯女郎了。

洪钧留给赛金花的五万两银子，是交给他弟弟洪銮保管的。他就怕家里的两个老婆欺负赛金花，所以委托弟弟转交遗产。没想到，家贼难防，洪銮把银子给贪污了。其实作为赛金花来讲，只要她想，还有机会把银子要回来，无非就是一哭二闹三上吊，这风尘女子的手段估计很多男士都能想到，不太好惹。但是没想到赛金花脾气挺倔，你不给我，我就不要，姑奶奶自己能养活自己。就这样，身无分文的赛金花把丈夫洪钧的遗体送到苏州之后，自己回到上海重操旧业，开始了新的歌唱生涯。

故事讲到这儿，这东四的脂粉气息越来越浓，但

上海老照片

是接下来这条胡同却是另外一种味道了。

六月飞雪：干面胡同

俗话说"六月飞雪，必有冤情"，今儿个这句话就不太适用了。史家胡同南边的这条胡同里，以前在青天白日之下依然"满天飘雪"，您知道这是为什么吗？

准确地说，这条胡同里，飘的不是白雪，而是白面。

早在明清时期，当官的每月不仅拿工资，还分粮食，统称"俸禄"，储备这些粮食的仓库，就是咱们所熟悉的禄米仓了。从地图上很容易看出来，干面胡同往东直达禄米仓，也就是说，这条胡同是当年运送粮食的必经之路。过去没有汽车，单凭车马，道路颠簸，难免会有粮食遗洒在胡同里，再加上车马经过时尘土飞扬，老百姓戏称为"下干面"，干面胡同也就由此得名了。

禄米仓胡同原来叫石大人胡同，因为明朝一个叫石亨的大臣就住在胡同里。他曾经因为帮助明英宗复辟，所以得到宠信，从此气焰嚣张，掌控兵权，欺上瞒下。话说一天石亨的干儿子石彪路过干面胡同，看见了一个卖面饼的小女孩挺漂亮，就想着收房纳妾。按当时石家的权势，一个无照摊点的非法经营者嫁进豪门做个侧室，也算是攀高枝了，但不承想，人家姑娘死活不同意，这事就这样一直拖延下去，直到一天，石亨获罪，石彪也被砍了头，娶亲的事儿彻底黄了，而那个无照经营的卖饼女孩，最终落了一个"有眼光有志气"的好名声。

专走后门的王爷：遂安伯胡同（肃亲王暂住地）

说起肃亲王，大多数人都会想到清朝初年跟多尔衮争夺过皇位的肃亲王豪格。接下来的故事，就从豪格的第八世孙，也就是第十代肃亲王善耆说起。话说肃亲王府原来在台基厂，公元1900年6月20日，义和团配合清军攻打当时的使馆区东交民巷。6月22日，两千多名教民在洋兵的护卫下躲进了肃亲王府。到了6月24日，第十代肃亲王善耆带着家眷离开了王府，随后肃亲王府就被烧了。而善耆后来以"御前行走"的身份跟着慈禧太后西逃，回到北京以后无家可归了，怎么办呢？无奈之下，善耆只好暂时在门头沟的祖坟暂住了一段时间，后来搬回城里，在遂安伯胡同租了一处房子。也就是在这条胡同里，这位老王爷干了一件让人匪夷所思的事情。

遂安伯胡同，顾名思义，这地方原来住过一位遂安伯，因此得名。这位遂安伯叫陈志。按照《礼记·王制》的记载，王分为五等，分别是公、侯、伯、子、男。这位遂安伯就是三等王爵。至于"遂安"两个字，则是浙江省的一个地名。

陈志的宅子，当年应该占据了整条胡同，现在的9号、13号和19号，都还能找到一些遗迹。陈志是在明永乐元年被封为遂安伯的。话说

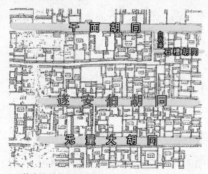

《乾隆京城全图》局部

当年朱棣拉了一票兄弟，发动"靖难之变"，篡位成功之后论功行赏，永乐元年涌现出一批功臣，陈志就是其中之一。

回过头来说肃亲王善耆。他从门头沟搬进城里之后，就租住在遂安伯胡同里。从《乾隆京城全图》上能看出来，遂安伯胡同的南边有一条无量大胡同，当年这条胡同里住着一个叫锡钧的人，是肃亲王善耆的朋友。话说一天家丁呼哧带喘地向锡钧禀报，说有好几个人在拆他们家的后墙，拦都拦不住。锡钧赶紧跑过去一探究竟，结果是哭笑不得呐。

刚才咱说过了，善耆住在遂安伯胡同，锡钧住在无量大胡同，也就是说肃亲王府的大门刚好正对着锡家的后墙，两家又是至交，人家肃亲王觉得串门太麻烦，干脆自作主张，派人扒了锡宅的后墙，愣是给人家开了个后门，只为从此两家走动能方便点。

幸亏锡钧是个有修养的人，不跟善耆计较，得了，扒就扒了吧，权当开个后门了，就这样，堂堂肃亲王却成了一个专走后门的王爷。

朱棣

善耆在遂安伯胡同住了一段时间之后，就搬到了北新桥的南船板胡同。1995年有学者曾经走访过那里，已被北京袜厂占用。时隔十二年，肃亲王府究竟变成什么样了，我们在以后的节目里还会带您进一步走访。

回过头来咱再说说无量大胡同。很多人都不太清楚，这么称呼究竟是为了叫着顺口，还是另有典故呢？关于这个胡同究竟由何得名，至今仍然存有争论。民间有句俗话叫"忠孝不能两全"，而关于"无量大胡同"名称的来历，正是"一忠一孝"两个版本，不信，您听我慢慢道来。

忠孝两全：无量大胡同（现红星胡同）

在《乾隆京城全图》上第八排第三行最南边的胡同，叫做无量大胡同，现如今这里已经改叫红星胡同了，尽管名字改了，但是关于"无量大"这个胡同名字的来历，仍然存在着不同说法。

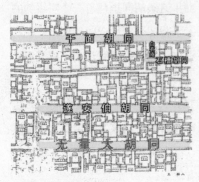

《乾隆京城全图》局部

"精忠报国"版

相传明朝军队攻占元大都的时候，朱元璋派一个叫吴良的人到大都侦查情况。吴良顺利完成了任务，但在回去的时候迷路了，被元军发现之后，一路追赶到东四地区的一条胡同里。

元军把胡同围了十天十夜也没抓住吴良，原来他早就通过仙人指路逃回了军营。话说明朝军队终于攻陷了元大都，朱元璋为了纪念吴良，就在他被困的胡同里建了一座庙，从此老百姓就把这儿叫"吴良大人胡同"，久而久之就演变成了今天的"无量大"胡同了。

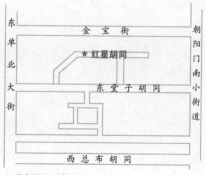

红星胡同地理位置图

吴良在历史上确有其人，但是据史料记载，吴良并没有来过北京，所以"仙人指路"的事情很可能是牵强附会，胡乱编造出来的。就在这个版本遭受怀疑的时候，有一个新的说法诞生了。

"孝子建庙"版

话说元朝至元年间，一个叫屠文正的人，住在大都城，也就是现在的北京城里，他特别想念远在南方的母亲，但是因为长年战乱，屠文正一直没办法回家。好不容易盼到天下太平了，屠文正的母亲也去世了。后来他为了纪念母亲，就修了一座无量寿殿，早晚祭拜。日复一日、年复一年，无量寿殿周围逐渐建起了民房，形成了一条胡同，后来就被后人俗称为"无量大胡同"了。

发现顺承郡王府

在房山区长沟乡发现了一座园寝，据说就是顺承郡王勒克德浑及其子孙的家族坟墓。

清朝的铁帽子王，想必大家都不陌生。"铁帽子"的意思，就是"世袭罔替配享太庙"，而并非真给每个亲王家族发一顶铁帽子。清朝一共有十二个铁帽子王，其中八个是开国元勋，四个是做出了特殊贡献才获得的这个头衔。值得一提的是，在清初的八个铁帽子王里，礼亲王代善的家族就占了三个。礼亲王本身就是铁帽子王，他的儿子岳托被封为克勤郡王，也是世袭罔替，而他的孙子勒克德浑又被封为了顺承郡王。也就是说，通常的铁帽子王只有一支能够传承王爷的头衔，而代善家有三支王脉。前两天我们栏目编导得到消息，在房山区长沟乡发现了一座园寝，据说就是顺承郡王勒克德浑及其子孙的家族坟墓。咱们这就一起去看看。

房山区对于咱们栏目编导来说，可谓是轻车熟路了，前一阵刚发现过庄亲王坟，据说除此之外，还有敬谨亲王坟、克勤郡王坟以及贝勒奕绘坟等等等等，由此可见，房山区应该是个上风上水的地界儿。只可惜能够保存至今的王爷坟并不多了，今天咱们的发

西甘池村地理位置图

现目标顺承郡王坟算是其中之一，具体地点就在房山区长沟乡的西甘池村。

记　者：这是西甘池村吗？

路　人：这就是西甘池村。

记　者：我去那的王爷坟，您知道吗？

路　人：王爷坟，这儿就是。

记　者：这围墙里的就是？

路　人：对。

以往咱们见过的王坟大都残破不全，有残存石碑石料石狮子的，有仅剩下一座牌楼的，最幸运的也就是还能找到地宫。但是顺承郡王坟带给我们一个惊喜，那就是宝顶居然还在。

什么叫宝顶呢？我告诉您，宝顶的学名叫坟冢，小名叫坟头儿，昵称"土馒头"。修陵建墓，什么都可以没有，唯独不能没有坟头儿，因为去世的人就埋在这下面。

坟冢

现如今西甘池村的顺承郡王坟还剩下三座宝顶，宝顶的下面，就是埋葬王爷尸体的地宫了。最北边的是第一代顺承郡王，也就是礼亲王代善的孙子勒克德浑和老婆的合葬坟冢，最南边葬的就是勒克德浑的第三个儿子和儿媳妇，而中间这座属于顺承郡王庆恩。庆恩是在光绪年间才继承了顺

三座宝顶

承郡王的爵位，论辈分，左右这两位都应该算是他的老祖宗了。

第一代顺承郡王勒克德浑，原在顺治元年被封为贝勒，清军入关以后，因为他战功显赫，又升为平南大将军镇守江宁，可谓责任重大，功不可没。在顺治五年，勒克德浑被封为顺承郡王。顺承郡王坟还有一个名字，叫达摩僧王坟，俗称神力王坟。而北京城里的顺承郡王府，也被称为神力王府，您知道这是为什么吗？

顺承郡王府就在北京市西城区的太平桥大街，现如今这地方是全国政协的办公地点。然而就是在这座王府，曾经流传着一个"神力王"的故事。

话说早在清朝，顺承郡王府旁边的街道晚上交通管制，即便白天允许通行，也只能走人，不能走车。那会儿可没有现如今的摄像头，全凭老百姓自觉。您要是在王府门前违反交通规则，就不是扣分儿罚款的问题了，很有可能掉脑袋呐。

顺承郡王府地理位置图

156

全国政协办公地点

相传有一天，一个大汉推着手推车经过顺承郡王府，一看禁止车辆通行，他愣是把车抬起来走了过去。就这样，一个大力士玩了一个小聪明，刚要沾沾自喜，不承想却撞在枪口上了。

　　话说顺承郡王府里有位神力王，想跟这位大汉开个玩笑，他买了车上的货物，让大汉来取钱。只见神力王用两个手指头捏着一摞铜钱，大汉使出了吃奶的力气，铜钱愣是在神力王手里纹丝不动。最后没办法，大汉改用绳子拽，结果铜钱倒是拽下来了，但是都掰成了两半。这就是顺承郡王府里神力王的传说，因此这儿又叫神力王府，房山的王坟，也就跟着被称为神力王坟了。

　　据史料记载，清朝历史上确实有一位神力王，能够摔倒蒙古大力士。但是这位神力王并不是顺承郡王勒克德浑，而是礼亲王代善的第八个儿子祜塞，跟顺承郡王是兄弟。所以神力王的传说有张冠李戴的嫌疑。

　　回过头再说顺承郡王坟。在西甘池村，除了三个宝顶之外，我们还找到了其他的一些遗迹。西甘池村一共有十四座王坟，虽然不都是顺承郡王，但全是家族成员，现如今有迹可寻的，除了三座宝顶之外，就只剩下这几块石碑了。

　　以前咱们总说皇帝陵、王爷坟，其实这并不是因为叫着顺口。"陵寝"是皇帝墓葬的专用名词，比如清东陵、清西陵、十三陵。而埋葬皇亲国戚的地方，只能叫"园寝"，或者干脆跟老百姓一样，就叫坟地或者墓地。

　　虽然现如今石碑上的文字已经模糊不清了，但是按照惯例，这上

墓地的几块石碑

边写的应该是墓主人生前的功绩。这样的石碑，我们在村民家的院子里还发现了一座。驮石碑的赑屃脑袋正好骑在院墙上，乍一看好像完整的砖墙被它咬了一口。

现如今一说起清初的那八位开国元勋，大伙儿总会误认为他们是在清朝初年就被戴上铁帽子头衔的，其实事实并非如此。

铁帽子王的概念，是乾隆皇帝提出来的。不知道您注意过没有，

农家院子里的驮石碑

清初的这几位王爷，虽然爵位一直传承下来，但是名字上却发生过变化。比如礼亲王一支曾经改叫过"巽亲王"、"康亲王"，而"庄亲王"则是由"承泽郡王"改过来的。直到乾隆四十三年，铁帽子王的概念一经提出，这十一家铁帽子王的称号就固定下来再没变过了。之所以说是十一家而非十二家，是因为最后这第十二位亲王，就是当年慈禧太后封的庆亲王奕劻，这个爵位诞生于清末，只经历了两代就因为清王朝的灭亡而消失了。

就在我们即将结束这次发现任务的时候，当地的村民告诉我们，在房山区还有一处顺承郡王坟。具体地点叫二龙岗。话说到这儿问题就出来了：一家子人为什么要安葬在两个地方？是家庭不和还是另立祖坟

草丛中的石碑

呢？而安葬在二龙岗的，又是哪位顺承郡王呢？

二龙岗的王爷坟远没有西甘池的好找，凭经验我们推测，当地所剩的遗迹已经不多了。一路打听之后，果不其然，我们只在村民的指引下找到了这块被湮没在草丛里的石碑。既然有遗迹，咱就该问了，这二龙岗的顺承郡王坟葬的到底是谁呢？

据史料记载，葬在二龙岗的顺承郡王，叫锡保。刚才咱们在西甘池发现的三座宝顶里，最南边的那座属于勒克德浑的第三个儿子诺罗布，而这位锡保就是诺罗布的儿子。锡保为什么不跟父亲葬在一起？是父子不和，还是锡保想另辟祖坟呢？这里除了锡保之外，难道就没有安葬其他的后代了吗？

原来锡保并不是我们想象中的宅门逆子，也并非想在阴间另立门户。他当年去西甘池祭拜祖坟，路过二龙岗，大老远的就看见两条巨龙在空中飞舞。等到走近了一看才发现，原来不是什么巨龙，而是两条蜿蜒的山脉而已。于是锡保认定，二龙岗上风上水，又离祖坟也不远，这才把自己百年之后的安葬之地选择在这儿。

二龙岗除了锡保之外，还葬着他的长子和长孙，也就是说，这里只有三座顺承郡王坟。其他的还都聚集在不远的西甘池村。现如今的二龙岗，只剩下了一座孤零零的石碑。就这样，还有人惦记着把石料挪为他用，幸亏当地的村民坚决反对，这才完完整整地保存到了今天。

石碑上的雕刻

玲珑塔悬案(下)

静琬大师虽然圆寂了，但是却给后世留下了一个谜，那就是这三颗佛舍利到底供奉在哪了？

一位不守信用的皇太后，私扣佛家圣物，拒绝按期归还；三颗隋代御赐的舍利子，一颗神秘失踪，无法完璧归赵。京城西北八里庄，玲珑塔成为争论焦点，这里究竟是供奉赃物还是空空如也？我们继续为您讲述"玲珑塔悬案——失踪的佛舍利"。

在上一章中，静琬大师把佛舍利藏在了云居寺南边的佛塔里，算是完成了他生前的一桩心事。但是，就是这么几颗佛舍利，却在他圆寂后的几百年里上演了一个又一个传奇故事。正所谓无巧不成书，既然是由佛舍利引发的故事，那咱们得问问了，究竟这佛舍利藏在哪了呢？后来竟然让人给找出来了。

雷音洞：佛舍利遭遇李太后

静琬大师虽然圆寂了，但是却给后世留下了一个谜，那就是这三颗佛舍利到底供奉在哪了？当时很多高僧找遍了云居寺，为的就是能够一睹这佛舍利的庐山真面目，但结果连个影儿都没有。

正如歌词里写的，"任时光飞逝"，这一飞逝，转眼就到了900多年后的明朝万历年间。一位名叫达观真可的高僧带着他的三位高徒慕名而来，专门到云居寺的雷音洞膜拜。没想到这儿年久失修，到处都是灰尘。就在他们打扫的过程中，惊人的一幕出现了：在佛座后身一块石板

雷音洞

下边的一个洞穴里，发现了一个石盒子，打开这么一瞅，这竟然就是传说中消失了900多年的佛舍利。这就叫"踏破铁鞋无觅处，得来全不费工夫"。以迅雷不及掩耳之势，这个消息立马就在云居寺里炸开了锅。

但俗话说得好，无巧不成书。慈圣皇太后偏偏这时候正在这儿烧香呢，一听这消息，好嘛，俩眼都直了。不容分说，当即扣留了这三颗佛舍利强行带回了宫里，走时候还放了话，说就供三天。

但是她说三天就三天吗？这一走，就没信儿了。一回宫就供在了自己的慈宁宫里，这一供就是俩月了，寺里多次来人催促，要求请回佛舍利，但皇太后一直没答理。直到俩月零十九天，寺里又来人了，她实在是扛不住了，立刻派人做了三个大小不等的汉白玉石函，这才把舍利放进了石函里，归还给了云居寺，依旧放在了雷音洞的佛座后边。

慈圣皇太后就这么不情愿地把佛舍利还回去了。您可别以为围绕着这佛舍利的谜案就这么结束了，其实这个故事才刚刚开始。这话怎么讲呢？那就是在1981年，两位云居寺的工作人员正打扫雷音洞的时候，又一次发现了舍利函和佛舍

汉白玉石函

利，这次的发现和400多年前明朝的那次发现，竟然有很大的出入。

慈寿塔：神秘失踪的舍利子

　　1981年11月27日，云居寺的两位工作人员在清扫雷音洞的时候，又一次发现了佛座后身埋藏的佛舍利。为了能够妥善保存，他们把佛舍利和石函送到了首都博物馆里收藏，就是现在首都博物馆历史文化展厅里的这几件。

首都博物馆里收藏的石函

　　这石函是个五件套，前两天最外边一层拿走修复去了，咱们跟它算是无缘相见了。不过还好有张照片，给您过过目。最外边是一个汉白玉石函，上边有172个字。大概是说，明朝万历年间，慈圣皇太后派太监陈儒把舍利和三个汉白玉石函送还了云居寺。但是这第二层石函上却刻着，大隋大业十二年，于此函内安置佛舍利三颗。顾名思义，这就是说隋朝在这里边放了三颗佛舍利。接着再往里边看，又是一层明朝一层隋朝。但是，当把这第五层石函打开之后，出大娄子了，怎么三颗舍利子变两颗了，莫非那颗人间

最外层石函

蒸发了吗?

这事咱们得好好琢磨琢磨了：接触过佛舍利的只有两个人。第一位毫无疑问就是隋朝的静琬大师，毕竟这舍利是隋朝皇帝亲赐给他的，怎么说他也是个受赠方、收藏

两颗佛舍利

者。会不会是在他转移佛舍利的时候就已经出现了什么问题呢？这是疑点之一。

按说慈圣皇太后的嫌疑是最大的。您可别忘了，是她强行把舍利带回宫的，根据对她的了解，她的所作所为以及她对佛教的挚爱，很有可能私藏一颗。所以有人就推测了，供奉在永安万寿塔里的那颗佛舍利就是她放的，还就是丢的这颗。这算是第二个疑点儿。

还有一个疑点，那就是在慈圣皇太后1592年归还佛舍利之后，一直到1981年的第二次发现，之间又隔了389年。在这么长的时间跨度里，是不是又有人接触过它，转移过它，私藏过它？因为都没有文字记载，我们在这儿也只能是个大胆的推测。

所以话说到这儿了，这颗失踪了的佛舍利究竟在哪儿，甚至有没有，很可能将是一个永远解不开的谜，一个永远没有答案的问题。

英宗代宗的兄弟情仇

他，一个贤德的王爷，一个勤政的皇帝；他，一个战败的俘虏，一个落魄的囚徒。兄弟二人，原本手足情深，为何落得骨肉相残……

在上一集里说到了，朱祁镇曾经因为贸然御驾亲征而被瓦剌军也先部俘虏，刑满释放之后，发现自己的弟弟朱祁钰已经登上了皇位，这就是景帝。而朱祁镇呢，说是被奉为太上皇，实际就是被软禁在了南宫里。这个南宫就是现在南池子的普度寺一带。英宗过了七年与世隔绝的生活，直到有一天，关闭已久的南宫大门突然打开了，朱祁镇还没明白过来怎么回事，就被几个太监、大臣架上了奉天殿，也就是现在的太和殿，一场兄弟之间的皇位更迭，就这样在几个小时之内发生了。

他，一个贤德的王爷，一个勤政的皇帝；他，一个战败的俘虏，一个落魄的囚徒。兄弟二人，原本手足情深，为何落得骨肉相残。是欲望的冲动，还是旁人的唆使，是一时糊涂，还是原形毕露，《这里是北京》为您讲述大明往事之"英宗代宗的兄弟情仇"。

— 164

● **明代宗在京档案**

姓　　名：朱祁钰

出生日期：1428年

享　　年：30岁

兄弟排行：次子

年　　号：景泰

庙　　号：代宗

陵　　寝：西山景泰陵

身不由己：紫禁城午门

话说明英宗朱祁镇被俘虏之后，紫禁城里并没有马上给他找接班人，而是在孙太后和钱皇后的主持之下，由当时年富力强的郕王朱祁钰监理国家。同时在紫禁城的午门召见文武百官，册立英宗长子朱见深为太子。

其实英宗留给弟弟的是一个不好收拾的烂摊子。首先是孙太后和钱皇后，一个想儿子，一个想老公，情急之下婆媳俩搜罗了紫禁城里大量的金银财宝送给也先，结果也先是礼照收，就是不放人。

更麻烦的是，北京城里的精兵强将都被英宗带上了战场，一场败仗打下来，全都有去无回，只留下北京城里不到十万的老幼病残，北京城可谓是危在旦夕。

幸亏朱祁钰是个勤快的王爷，是非分明、勤奋好学。虽然第一次料理朝政还嫩了点儿，但看得出来是个好坯子。

午门的东北角有一扇左顺门。就在郕王监国的第五天，发生了著名的"左顺门事件"，言简意赅地说，就是一群大臣在左顺门打死了三个太监，而这仨人正是王振生前的死党。但是请您注意此事发生的时间——是在上朝的时候。也就是说，平时肩不能挑、手不能提的大臣们，当着朱祁钰的面儿，把人活活地打死了。22岁的朱祁钰哪见过这阵势啊，一时乱了方寸。直到兵部尚书于谦提醒他，那三个太监是王振余党，论罪当诛，这会儿朱祁钰才回过神儿来。

最终三个太监的尸体被拖出东华门外，放在街头示众。同时朱祁钰下令，抄没王振家产，株连九族，铲除余党。这位小王爷的代理皇帝工作，就这样打响了第一炮，初步赢得了大臣们的信任。

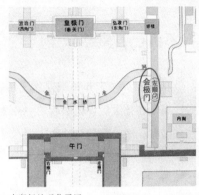

左顺门地理位置图

话说当初在众臣的推举之下朱祁钰登基当上了新皇帝，但是后来发生的事儿很少有人知道。朱祁钰接到上岗通知书之后，并没有欣喜若狂，相反，他躲进王府里好几天都不肯出来。因为他知道，现在大伙儿需要他，所以推举他，但一旦英宗回来了，他将陷入进退两难的境地。事实证明，朱祁钰的顾虑是正确的。

北京城的救世主：于谦

最终说服朱祁钰登基的，就是我们熟悉的于谦。这位大臣在英宗被俘的那段时间里可谓是力挽狂澜，机敏老练。著名的北京保卫战，使于谦变成了北京城的救世主。

当时的北京城，已经变成了一座空城。如果也先的瓦剌军当时不把希望寄托在英宗身上，而直接攻打北京的话，无论是于谦还是朱祁钰都不可能有回天之力。但是当敌军带着英宗转了一圈，发现这位皇帝没什么利用价值的时候，再攻打北京城，已经没有想象中那么容易了。

在北京城外连续五天的战斗，瓦剌军一场都没赢。后来于谦发现有瓦剌军到德胜门刺探军情，于是设下埋伏，诱敌深入，结果大败敌军。

话说到这儿，于谦和朱祁钰的功劳似乎并不明显，但事实上，这君臣二人战前的准备工作，才是北京保卫战取胜的关键所在。

首先朱祁钰停止京城里的一切土木工程，节省资金，用于储备战略物资。其次，当时北京的粮库都在通州，必须及时转运到城内才能保证粮食的供给。于谦调动所有文官武将的积极性，大家伙儿肩挑手提，全都参与到运粮的过程当中来，谁运得多，还有奖金。而北京城里十万老幼病残，肯定是不能上阵打仗了，于是于谦从地方征集士兵，做好了充分的战前准备，这一对君臣的默契配合，为北京保卫战的胜利提供了保障。

朱祁镇被送回了北京城。接下来发生的事情，我们实在不好判断谁对谁错。景帝千不该万不该，不该把哥哥囚禁在南宫里。而且史料记载得很清楚，七年间英宗与世隔绝，生活困苦。朱祁钰为了防止英宗跟外界联络，居然砍掉了南宫里所有的高大树木，加高围墙。更让人难以接受的是，他居然废掉了英宗所立的太子，而转立自己的亲生儿子将来继承大统。不知道是命运的巧合，还是老天爷的惩罚，新太子没多久就去世了，而朱祁钰在登基七年之后居然一病不起，大多数人都认为，景泰时代命不久矣了。

惊醒的皇帝梦：西山金山口 景泰陵

昌平区十三陵的庆陵，是明光宗朱常洛的陵寝。朱常洛的皇帝工龄只有短短的一个月，当年他去世的时候，太上皇朱翊钧的棺材还没有下葬。

修建陵寝并不是三天两天就能完成的活儿，朱常洛在位的一个月里，根本来不及给自己修墓，最终在无奈之下，大臣们只好把他安葬在一个现成的墓穴里，这就是景泰皇帝朱祁钰当年为自己修建的景陵，朱常洛下葬以后，这里才改叫庆陵了。

著名的"夺门之变"之后，英宗复辟，重新夺回了皇位。对于一个领导来说，本职工作往往是信手拈来的事情，反倒是人事安排最费脑子，英宗就是被这个问题困扰住了。他先是忍痛杀了于谦，以表明当年的景帝是非法篡位。而后铲除了助他复辟的几个大臣和太监，使"夺门之变"具备

庆陵地理位置图

庆陵

了合法性，同时也惩罚了那些企图利用英宗复辟而实现私欲的政治投机分子们。

至于景帝朱祁钰，在他重病之后被软禁在了西苑，贬为郕王，不到一年就撒手人寰了，然而关于他的死因，却出现了两个版本：

病亡版：

这个说法很容易理解，此时的朱祁钰和当年的朱祁镇一样，从此与世隔绝，被软禁起来。唯一不同的是，景帝的身体远不如哥哥硬朗，他没能坚持七年，也没能等来复辟的机会，30岁就因病去世了。

他杀版：

所有的人都以为朱祁钰会因为医疗条件差而病入膏肓、不治身亡。没承想，与世隔绝之后，朱祁钰的病居然日渐好转。所以后人推测，当年这位景泰皇帝的身体起初很可能是被女人搞垮的，反倒是幽禁之后见不到女人了，也就不存在纵欲过度的问题了，这病自然就好了。

但是英宗始终无法容忍这位弟弟曾经做过的一切，他也不会再给朱祁钰咸鱼翻身的机会，于是他派手下的太监用白绫勒死了朱祁钰。

朱祁钰去世之后，英宗毁掉了他在十三陵为自己建的景陵，也就是现在庆陵的所在地，而是在西山的金山口为他另辟了一块陵地，史称"景泰陵"。

此时的英宗，在过去的七年间似乎产生了很多的人生感悟，他再次登基之后，把国号改成了天顺。或许他终于明白，顺天而行才

景泰陵

是正道。

　　尽管很多史学家都认为景帝朱祁钰是一个好皇帝，但是在英宗的心目中，永远无法原谅这个落井下石的弟弟。国家社稷与手足亲情，究竟孰重孰轻，黎民百姓和父母兄弟，到底孰近孰远，这对于皇宫里的金枝玉叶们来说，或许是一个永远没有答案的问题。

重访《乾隆京城全图》(四排四行)

1965年麒麟碑胡同并进了张自忠路，

文革时期一度改叫"红星胡同"，

到了1976年，胡同又单分出来，恢复了"麒麟碑"的名字。

玩主乾隆的"私"生活

他究竟是不是一位好皇帝还真不敢妄下结论。

不过有一点可以肯定，

他是一个爱玩而且会玩的皇帝。

那他究竟都玩了什么，又是怎么玩的，咱这就一块儿看看去。

一场祸国殃民的姐弟恋

这个世界上没有无缘无故的恨，

也没有无缘无故的爱，

万贵妃被朱见深如此宠爱，自有她的个人魅力……

重访《乾隆京城全图》（四排四行）

1965年麒麟碑胡同并进了张自忠路，文革时期一度改叫"红星胡同"，到了1976年，胡同又单分出来，恢复了"麒麟碑"的名字。

话说1935年2月11日一大早，两辆货车扎着玻璃珠彩凤凰，拉着两口棺材，从宽街的麒麟碑胡同出来，直奔清东陵马兰峪。当时有好多老百姓都来看热闹，大伙儿是议论纷纷：棺材里究竟躺的是谁呢？您还真问着了，这两辆货车运的遗体，正是同治皇帝的两位遗孀——敬懿太妃和荣惠太妃。这历史上的最后一次皇家葬礼虽然简陋，但却是史无前例，估计除了她们俩，没哪位妃子下葬用汽车运过棺材。据史料记载，

172

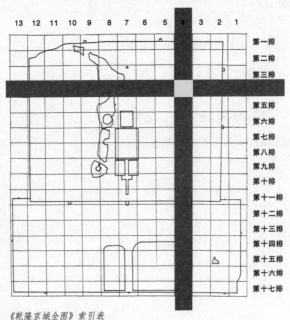

《乾隆京城全图》索引表

当年溥仪被冯玉祥赶出紫禁城的时候，宫里只剩下荣惠、敬懿两位太妃，这老姐儿俩死活不肯出宫。当然最终她们不可能留在紫禁城里了，但是你知道她们出宫之后住在哪儿吗？为什么死后的遗体会寄放在宽街的麒麟碑胡同呢？下面就给您解答这个问题。

● 重访地点档案

重访地点：《乾隆京城全图》第四排第四行

清朝所属区域：属镶黄旗和正白旗领地

现在所属区域：东城区府学胡同36号、65号，铁狮子胡同（张自忠路）3号、7号

紫禁城外的后宫：府学胡同36号（现北京市文物局）

公元1924年，溥仪被冯玉祥的手下鹿钟麟赶出了紫禁城，婉容、文绣两位后妃自然是嫁鸡随鸡、嫁狗随狗，跟着溥仪到处走，太监宫女们也是各自奔前程去了。唯独剩下两位太妃，无处可去，死活不肯离开紫禁城。

无奈之下，段祺瑞政府把两位太妃安置在了现在的府学胡同36号院儿里，等于在紫禁城外又开辟了一个后宫。据说当年这座宅子属于麒麟碑胡同，这才有了1935年大货车从麒麟碑胡同运棺材的情节。麒麟碑胡同1965年并进了张自忠路，文革时期一度改叫"红星胡同"，到了1976年，胡同又单分出来，恢复了"麒麟碑"的名字。但是现如今一提起敬懿、荣惠两位太妃的落脚之处，大都只知道府学胡同36号，而不知道麒麟碑胡同了。

两位都是同治皇帝的老婆，据说敬懿太妃有着魔鬼的身材，天使的面孔，当然这是年轻的时候。尽管如此，姐妹俩都没

段祺瑞

有受到同治皇帝的特殊宠幸，也没
能生下一儿半女。荣惠太妃更是同
治后妃中级别最低的一位，直到清
朝灭亡了，才捞了个贵妃的称号，
却早已赶不上趟儿了。

府学胡同地理位置图

可巧的是，敬懿和荣惠这老姐
儿俩同年出生，只不过荣惠太妃比
敬懿太妃多活了两年。敬懿太妃1931年去世，享年76岁；荣惠太妃1933

年去世，享年78岁。奇怪的
是，俩人去世之后都没有马
上下葬，而是一直到1935年
2月11日，才由两辆货车出
殡，把遗体送到了清东陵的
惠妃园寝，第二天随着地宫
口的关闭，两位太妃成为了
最后入葬皇家陵寝的人。

麒麟碑胡同

其实府学胡同36号最早
是清末兵部尚书志和的宅子。清朝的兵权都掌握在皇帝的手里，而兵
部主要负责选拔武将、训练士兵、管理兵器、设立关卡、驿站等管理工
作。现在的36号院是东城区文物保护单位，也是北京市文物局的办公场
所。

府学胡同36号一景

其实说起府学胡同的历史，36号院并非焦点，这条胡同的来历，源自胡同北边的另外一处遗迹，这就是府学胡同65号。

请神容易送神难：府学胡同65号 顺天府学

当粗鲁的攻城士兵遇到孔子的塑像，结果只有一个：退避三舍，敬而远之。这是元末明初几个和尚总结出来的道理。故事就发生在府学胡同里。

话说元末有个和尚，辛辛苦苦地化缘募捐到一笔钱，在东城建了一座报恩寺。没承想，寺庙刚刚竣工，明军就进了城。官兵像打了兴奋剂一样，一路上烧杀抢掠，肆无忌惮。唯独到了孔庙，对孔圣人的雕像是退避三舍，绕道而行。和尚们恐怕新建的寺庙被烧，于是想出了一个主意，用木头雕刻成孔子像，供奉在报恩寺里，果不其然，报恩寺幸免于难。

正所谓"请神容易送神难"，等到一切风平浪静了，报恩寺的和尚就开始琢磨，把这位孔圣人再请出

《乾隆京城全图》局部

去，恐怕不太尊敬，得了，就这么供着吧。就这样，一座寺庙，无奈之下变成了学校，开始在周围招收学生。

直到明朝永乐年间，报恩寺从大兴县学变成了顺天府学，也就是说从县一级学校变成了市一级学校。当时所谓的"大兴县"跟现在的北京市大兴

孔子雕像

区并不是一个概念。话说朱元璋建立明朝之后，就在北京设立了大兴县和宛平县，分管京城两个区域。现如今在《北京历史地图集》上还能找到大兴县胡同，而府学胡同一带当年就属于大兴县管辖。

孔庙大成门

现如今明清的教育制度虽然早已经废除了，但顺天府学仍然被当做学校使用，名称也变化不大，叫"府学小学"，就在现在的交道口南大街路东。府学胡同这个名字，从顺天府学成立至今，就再也没有发生过变化。

176

顺天府学旧址

在我们重访的区域中，第四排第四行可以说是遗迹最集中的区域之一。在《乾隆京城全图》的目录上标注着这片地区有什么剪子巷、马将军胡同、水塔胡同等等等等，其实大多数古迹就集中在两条胡同里，其一就是府学胡同，其二就是咱们接下来要说的铁狮子胡同，也就是现在的张自忠路。

无家可归：铁狮子胡同

说起张自忠路，远没有"铁狮子胡同"这个名字叫着上口、记着方便。但是，狮子还在，当年被它们守护的大门却早就找不着了。

张自忠路一景

相传段祺瑞执政府门口的这对石狮子，就是铁狮子胡同的代言人。当年它们就蹲在田宅的门口。所谓"田宅"，早在明朝就出了名，因为这地方是崇祯皇帝的宠妃田贵妃的娘家。但是今天我们之所以对它感兴趣，完全是因为来自江南的另一个美女——陈圆圆。

田贵妃应该算是个善解人意的女人，看着老公崇祯整日里愁眉苦脸，心又不忍，于是她让父亲田畹到江南挑选美女，送给皇帝老公解闷。正是在这次江南选美的过程中，陈圆圆被田畹强行带回了北京，送进了紫禁城。不承想，崇祯根本没那个心思，打发田畹把陈圆圆带回了田宅。这下倒好，陈圆圆由田贵妃的姐妹，摇身一变成了她的后妈，国丈田畹倒是捡了个漏儿，回家偷着乐去了。

后来的故事尽人皆知，田畹把陈圆圆送给了吴三桂，历史因为这对痴情男女而发生了转折。现如今没有人能确定当年陈圆圆住在铁狮子胡同的哪个宅子里，

陈圆圆

就连这对狮子都变得无家可归，只好寄宿在段祺瑞执政府旧址的门前。至于吴三桂，三叛三反，灵魂再也找不到归宿，以至于现在不论是陈圆圆还是吴三桂都鲜有遗迹可寻，我们只能看着这对不会言语的石狮子聊聊过去的故事了。

段祺瑞执政府门口的石狮子

荒唐王爷：张自忠路3号 和亲王府

说起明清那点事儿，最让人津津乐道的，大概可以分为两类：女人之间的爱恨情仇，男人之间的明争暗斗。都说女人之间是天敌，其实男人也差不多。下面跟您讲讲两个男人的故事，谁呢？乾隆皇帝弘历和他的五弟和亲王弘昼。

说起张自忠路3号，大多数人都知道这地方是段祺瑞执政府的旧址，"三一八"惨案的纪念地，刘和珍君壮烈牺牲的地方。但是在《乾隆京城全图》上，却显示出了它的另外一个身份——和亲王府。

旧日的和王府，现在除了

段祺瑞执政府旧址

住着一百多户居民之外，还是中国人民大学清史研究所和资料中心的办公地点。整个建筑群，只有大门还是当年和王府留下的遗迹，清朝末年，弘昼的后代已经不再是王爷，和王府也被内务府收回，王府内的所有建筑都被拆除，院子里建起了西洋式的大楼，作为海军和陆军的办公大楼。

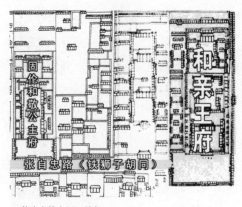

《乾隆京城全图》局部

话说雍正皇帝胤禛子嗣不少，但平平安安成年的只有三个，排行老五的和亲王弘昼便是其中之一，他只比老四弘历，也就是后来的乾隆皇帝晚生了一个小时。启功先生曾经讲过这样一个故事，说弘历、弘昼的天资不分上下，弘昼甚至更胜一筹，雍正皇帝经常送礼物给两兄弟，其实是一种心理测试，结果发现弘昼永远能抢到最好的礼物，由此看出，弘历要比弘昼宽厚许多，这也成为了日后弘历登基的原因之一。

弘昼在外人眼里只是个与世无争，整天吃喝玩乐、荒唐无度的纨绔子弟，历史上曾经称他为"荒唐王爷"，但关于他真实性情的描述，版本颇多。

和亲王府大门

和亲王府里西洋式的大楼

史料版：

《清史稿·诸王传》中，对和亲王弘昼只有不到三百字的记载，其中有"少骄抗，上每优容之"的记述，说他年少叛逆，骄横无度，一天到晚没正经，做哥哥的乾隆皇帝每次都宽容他。因此有人分析，弘昼只不过是胸无大志，玩世不恭而已，所以乾隆皇帝睁一只眼闭一只眼，随他去就是了。但在和亲王的后代启功先生口中，我们又得到了另外一种说法。

后代口述版：

据《启功口述历史》一书中"我所知道的乾隆与和亲王"一章记载，和亲王对自己因只比乾隆晚生一个时辰而没能当上皇帝始终耿耿于怀，说不定还怀疑是不是有人在里面做了手脚，因为那时还没有准确的计时方法，更没有准确的接生记录，早一时辰晚一时辰，只是那么一报而已。日久天长，他的心理难免有些变态。再加上自小受到太后的宠爱，有恃无恐，所以脾气禀性颇为怪异。

弘昼1770年病逝，享年五十九岁。装疯卖傻了一辈子，事实上暗地里在跟乾隆较着一把劲。而乾隆这个当哥哥的虽然心里对弘昼的所作所为早已经是忍无可忍了，但一代君主必定有超人之处，一个"忍"字，使乾隆避免了众叛亲离，清朝又少了一场兄弟相残的悲剧。

清朝皇室，为了避免母子联合外戚结成政治集团，所以皇子们都不由亲生母亲抚养，而是彼此交换，所以弘昼是由弘历的母亲抚养起来的，相传太后对弘昼比对亲生儿子弘历还亲。清朝的皇帝向来以孝著称，太后权力也大，在特殊情况下，甚至有权提出废除皇帝的建议，这也是乾隆皇帝迁就弘昼的原因之一。太后对和亲王是溺爱的，甚至纵容他抢劫造币厂的运钞车。但是话说回来了，谁的孩子谁不爱呢，只不过是个方式的问题。

乾隆皇帝本身也是个溺爱子女的父亲，而且他尤其喜欢闺女。我们都知道，他曾经对十公主感叹说：你要是个男孩子，我就把皇位传给你。

深受乾隆疼爱的公主不止一个，同样是在铁狮子胡同里，和亲王府的西边，就有一座公主府，是乾隆皇帝送给闺女的嫁妆，而乾隆十二年三月的一天，是这座公主府最热闹的日子。

公主下嫁：固伦和敬公主府（现张自忠路和敬府宾馆）

在段祺瑞执政府的西边，有一座和敬府宾馆，无论是从建筑风格上还是从宾馆的名字上，我们都不难推测出这里过去的身份——和敬公主府。

和敬府宾馆

在《乾隆京城全图》上，这座宅子的全称叫"固伦和敬公主府"。"固伦"这个词，在满语里代表"部落"，随着后金政权的建立，"固伦"也包含了国家的含义。只有皇后所生的公主，才可以获得"固伦公主"的称号，翻译成汉语，应该是"国家级别的公主"。跟"固伦"相对应的，就是"和硕"公主，也就是嫔妃所生的女儿。"和硕"在满语里有

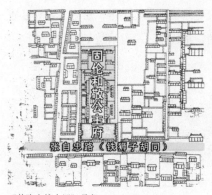

《乾隆京城全图》局部

"一方"的含义，所以"和硕公主"可以理解为"地方级别的公主"了。

固伦和敬公主在家排行老三，她出生的时候，乾隆皇帝还没登基，只是个宝亲王，而和敬公主的母亲，就是当时的大福晋，后来的孝贤纯皇后富察氏。

现如今娘家陪嫁，有给金银首饰的，有给存折现金的，而乾隆皇帝给女儿准备的嫁妆之一，就是铁狮子胡同的这座公主府了。

乾隆爷的这位姑爷，是科尔沁部达尔汉亲王的儿子，名字比较复杂，叫色不腾巴尔珠尔。这位蒙古小伙子从小就在北京读书，娶公主的时候只是个辅国公，爵位比亲王低四个级别，和敬公主是名副其实的下嫁给他了。

估计乾隆爷主要看上他两点，其一是为人老实，五年的考验期，足以证明巴尔珠尔是个憨厚踏实的男人。其二，这次联姻，具备了密切满蒙关系的政治功能。

话说乾隆十二年三月的一天，铁狮子胡同里锣鼓喧天，新驸马满面红光，九十桌宴席觥筹交错，可谓是盛况空前，一派热闹景象。而此时作为父亲的乾隆皇帝，对女儿究竟是祝福还是不舍，对驸马究竟是欣赏还是嫉妒，恐怕这些复杂的感情，早已难以说得清楚了。

玩主乾隆的"私"生活

他究竟是不是一位好皇帝还真不敢妄下结论，不过有一点可以肯定，他是一个爱玩而且会玩的皇帝。那他究竟都玩了什么，又是怎么玩的，咱这就一块儿看看去。

平日他身为皇帝，脱下龙袍便成玩家。他兴趣广泛，爱好多样。为追赶时髦，他能将错就错；为满足虚荣，他竟然指鹿为马。他的业余生活都玩些什么，到底又是怎么玩的呢？

一说起清朝乾隆爷，他可是咱《这里是北京》的常客了，几乎每期节目的话题都能跟他老人家搭搁上。您看啊，人家又是"十全老人"，又是高寿皇帝，就连当了太上皇还统领国家大权，要搁现在，说不定他真能被评上个什么优秀工作者呢。但是，他究竟是不是一位好皇帝，一个好领导，我还真不敢妄下结论。不过有一点可以肯定，他是一个爱玩而且会玩的皇帝。那他究竟都玩了什么，又是怎么玩的，咱这就一块儿看看去。

贴身宝物：白玉方形玺

国玺，也叫宝玺，那是国之重物，象征着国家，象征着皇权。就相当于咱们现在的国务院公章，批个奏折、盖个公文都得用它。古时候只有当朝皇帝才有资格使用，而且用完了您还得立马就还，统一放在紫禁城的交泰殿里边由专人看管。

白玉方形玺

但是乾隆爷手里的宝
玺却一大把，少说也得有
二十多枚呐，首都博物馆
玉器展厅里的这枚就是其
中之一。但是，在这儿我
可得向您郑重声明，这不
是人家乾隆爷私刻公章，
干违法乱纪的事儿，而是

玉质宝玺

特意收藏的私印，因为他是位宝玺发烧友。

这枚玉质宝玺，乾隆生前就非常喜欢。这是他老人家亲自设计制
作，庆祝自己80岁寿辰的生日礼物。那一年是他皇帝生涯的第55个年
头，为了祝自己高寿，他特意选了这么一个龙的造型，图的就是天圆地
方，一龙在上，天下太平，听着就喜庆。

乾隆爷的宝玺

按说乾隆爷过生日那收的礼
多了去了，可千好不如一爱啊！
自打有了这枚印，夸张点说，乾
隆爷就没再正眼瞧过别的宝贝，
整天都把它揣在身上，随用随
取，成了他的贴身宝物。您想
想，乾隆爷这么一位人过留名，

走一路写一路的主儿，可想而知跟着他最开眼界的就是这枚玉质宝玺了。

说到乾隆爷的兴趣爱好、业余生活，自然是离不开纸墨笔砚、金石书画。例如我们说的那枚80岁私印，的确是一宝，现如今谁要是能拿出一幅带着乾隆爷私印的字画，甭管这画画得怎么样，冲这印，就得值老鼻子了。所以，这又造就了他另一大兴趣——在别人的作品上题个字，加个批，外带盖个章。首都博物馆的字画展厅里，就有这么一幅。

望人生名：孔子弟子图

孔子弟子三千，七十二贤人，不知您知道几位。首都博物馆绘画展厅里就有一幅其中59位的合影——《孔子弟子图》。对着长相叫名

孔子弟子图

儿，您可能一个都说不出来，但乾隆爷就有这本事，他愣是看着人家的长相叫出名来了。

说的就是这二位仁兄，一个旁书"似子路"，一个旁书"似公孙龙"。您看这"似"字就不难推测，乾隆爷起名的时候肯定是心虚了，他也拿不准了。

孔子的确有这么两位得意门生，一位是路见不平、拔刀相助的江湖义士子路，一位是能言善辩、舌战群儒的思想家公孙龙。恰恰这二位都是乾隆爷喜欢的类型。所以，他就凭借着文字记载和自己的大胆推测，想当然地认为，

似子路

似公孙龙

有这般本领的人肯定就长这样。但他毕竟是拿捏不准，又怕万一再碰上一个跟他较真儿的，自己又说不清楚，所以就留一句活话，特意在名字前边加上了个"似"字。想来这乾隆爷也算够矫情的，都这样了还逞能呢。这还没算完，立刻又加盖上了自己那方至爱之印。

这二位算是正式出名了，乾隆爷也出名了。您想啊，能给孔子弟子赐名的恐怕也就他这么一位。没承想这幅画让他这么一胡诌八扯，还成无价之宝了！

不难发现，乾隆爷有一大癖好就是爱逞能，天底下的事好像没有他不知道、他不懂的，什么事他都得插一杠子。就连已经被先人反复研究、已成定论的事，他都敢矢口否认。但是人家也有优点，那就是知错就改，勇于承认错误，敢于自我批评，我们这儿有鹿角为证。

知错就改：《麋角解说》

要说乾隆爷平生最大的爱好，用一句话概括，那就是"生命不息，写字不止"。他是走到哪写到哪，流传至今的诗词歌赋不下十万首。就连麋鹿角他都不放过，还在鹿角上刻文一篇《麋角解说》。他之所以这么做，事出有因，为的是弥补自己犯的一个错误。这话又从何说起呢？

北京大兴区南海子有个麋鹿苑，打元朝那会儿，这地界儿就是皇家狩猎场，里边养的全是麋鹿。这种动物说来

鹿角上刻文《麋角解说》

长得很奇怪，角似鹿非鹿，蹄似牛非牛，尾似驴非驴，脸似马非马，大伙儿都管它们叫"四不像"。正是因为它们这长相，从周朝到清朝三千多年，一直成为人们的关注对象和研究课题，光是麋鹿什么时候脱角，就不下百十来篇的相关著作。当然结论只有一个：麋鹿区别于其他的鹿种，它是冬天脱角。

可乾隆爷看到这篇报道之后，没凭没据当场就给否了，非说是鹿都在夏天脱角，麋鹿也是鹿！您想，真龙天子金口玉言，谁没事跟他瞎掰扯，这不找不痛快呢嘛。所以是对是错，这事就这么搁下了。

麋鹿苑

但是正所谓无巧不成书，1767年的一场大雪过后，56岁的乾隆爷心血来潮地跑麋鹿苑打猎去了，正好看见麋鹿脱角，这回可傻了眼了，眼见为实啊，原来麋鹿真的是冬天脱角。乾隆爷来得快啊，当场就认错了，还专门在麋鹿角上刻下了《麋角解说》，时刻警醒后人，顺便告诉大伙儿，我可是位知错就改的好同志。

麋鹿

众所周知，乾隆爷是位高寿皇帝，活到89岁高龄，在历朝历代的帝王中他得排第一名。之所以能活那么大岁数，有秘诀，一个就是他酷爱琴棋书画，您想啊，能做好这几件事那都得是心平气和、不急不躁，如此长久坚持下去，这不就跟玩太极似的吗，练的是内功，五脏六腑绝对没病。对于乾隆爷来说呢，他的长寿还有另外一个秘诀，那就是喜欢收藏瓷器，整天都能够把玩着自己喜欢的物件儿，心里舒坦，这是他继承了爱新觉罗家族爱玩的优良传统。他

麋鹿角

不但继承，还能发扬光大，竟搞独创，不过中看不中看就两说着了。

瞎赶时髦：古铜器纹瓶

要说玩瓷器，谁也比不了清朝的康雍乾这祖孙三代，他们要钱有钱，要技术有技术，把瓷器玩到了极致。而乾隆爷更是一位善于总结的皇帝，他最会集各家之所长于一身了。他的瓷器，经常是N多个年代的N种器型、纹饰、色彩的结合体。

咱就说这件吧，够大个的吧，他觉得这样最能体现出自己的霸气。尤其您看上边这纹饰，挺眼熟的吧——饕餮纹。饕餮就是贪吃到把自己身子都吃了的那个怪兽。这是人家西周青铜器上的专用纹饰。按说在瓷器上雕刻青铜器纹，在古代挺流行的，明朝开国皇帝朱元璋

—
188

古铜器纹瓶

在位时，用绘有青铜器纹饰的瓷器代替原来的青铜礼器，为的是祭祀的时候能节省开支，降低成本，也就是说这种纹饰的瓷器最适合祭祀的时候用，要是像乾隆爷这样只拿它当摆设的，可就怎么看怎么别扭呢。正如一位陶瓷专家说的，要不是为了实用，把这种图案雕刻在瓷器上完全就是画蛇添足，纯属是瞎赶时髦。这就跟咱们中国人吃饭似的，讲究的是南甜、北咸、东辣、西酸，各有各的滋味，要是把它们都一锅烩了，您说能好吃嘛，就剩恶心了。所以说，这好东西得会合理利用，不能盲目追求。

全民总动员：圆明园黄花阵

俗话说生命在于运动，乾隆爷是深刻领悟到了这点，要不他怎么能活那么大岁数呢。说这内练筋骨肉，外练一张皮，他老人家都占齐活了。琴棋书画练内功，体育锻炼可就是外功了，他最喜欢的一项运动就是捉迷藏。

乾隆爷喜欢琴棋书画，这是地球人都知道的事儿，这叫静功。他还喜欢动功，但是他这动静可大，他能把整个紫禁城里的皇后、妃子、宫女、太监们全都组织起来开运动会，参赛项目是捉迷藏，而运动场呢，就选在了圆明园西洋楼西边的这个迷宫里，时间定为中秋夜，有点秋季运动会的意思。

这个迷宫是乾隆让工匠效仿法国的凡尔赛迷宫建造的，人称黄花阵。黄花阵正中间的位置，是皇帝的观礼台兼指挥部。所有人手持黄绸子做的莲花灯走入迷宫。第一个跑到皇帝身边的人，就是金牌获得者，只不过那天给的不是金牌，传说是张免死牌。

一声哨令之后，顿时人声鼎沸，都向终点狂奔而去。喊的、叫

圆明园黄花阵

的、哭的、笑的，分不出谁是主子、谁是奴才了。一个个跌跌撞撞、晕头转向，就是一词儿一热闹。据说乾隆爷看到高兴的时候，也下来亲自参与一下，图的就是一个乐。

这项运动从乾隆年间一直延续下来，直到火烧圆明园。因此可以说，在这座多灾多难的园子里，黄花阵算是留下笑声最多的地方了。想来乾隆爷也算是为普及全民健身运动做出贡献了。

您瞧瞧，乾隆爷够会玩的吧。之所以他能有这多的业余生活，首先跟他的治国安邦的能力是分不开的，国不泰民不安，哪有心思玩这些啊。想来乾隆爷的一生值得咱们后人学习的东西太多太多了。

一场祸国殃民的姐弟恋

这个世界上没有无缘无故的恨，也没有无缘无故的爱，万贵妃被朱见深如此宠爱，自有她的个人魅力……

众所周知，明英宗朱祁镇在"土木堡之变"中不幸被俘，为了安定民心，3岁的长子朱见深被立为太子，但是因为年幼，最终叔叔朱祁钰登了基，这就是咱们曾经介绍过的明景帝，又叫代宗。后来太子被废，英宗回朝之后被奉为太上皇，软禁在南宫里。景帝朱祁钰重新立自己的亲生儿子为皇储。后来就是著名的"夺门之变"，英宗复位，朱见深也恢复了自己的太子身份，这年他10岁。可以说他的童年是在父亲和叔叔的互相残杀中度过的，但是当朱见深登基之后，有人提议追究景帝废除太子的事儿，但朱见深却说，这件事已经过去了，我不再追究了。所以当清朝人修编《明史》的时候，说朱见深是"恢恢然有人君之度"。就是这么一位性格安静、平和、谨慎而且宽容的皇帝，却在在位期间没少干糊涂事，最根本的原因就是一个女人。

一个出身卑微的大龄女青年，一个贵不可攀的大明朝皇帝。当朱见深遇上万娘娘，年龄不再是差距，身份不再是问题。冷落六宫、残害子嗣、宦官专权、佞臣当道，一场相差近二十岁的疯狂姐弟恋，到底能给一个王朝带来多少灾难？本期《这里是北京》为您讲述明宪宗朱见深——一场祸国殃民的姐弟恋。

● **朱见深在京档案**

姓　　名：朱见深

出生日期：1447年

享　　年：41岁

最爱的女人：万贵妃

家庭状况：14子5女

爱我的人和我爱的人：专宠万贵妃

俗话说没有无缘无故的恨，也没有无缘无故的爱。一个拥有六宫粉黛的大明帝王，却专情于一个年长他近二十岁、出身卑微的大龄女青年，我们除了撇嘴之外，也不妨来分析分析这位万贵妃的诱人之处。

● **《这里是北京》万贵妃存档**

姓　　名：万贞儿

出生日期：1428年

享　　年：56岁

生育年龄：37岁（为朱见深生下长子，但不久后就夭折了）

十三陵的茂陵，是明宪宗朱见深的陵寝。这位痴情的皇帝是在41岁时去世的，而仅仅在几个月之前，他一生中最爱的人，也是后宫嫔妃最恨的人——万贵妃万娘娘，先他一步去世了，当时的朱见深正在外面打猎，几个月后却与世长辞，我们不得不相信，丧妻之痛是他病故的重要原因之一。

按照明朝的规定，只有皇后才能跟皇帝合葬在十三陵。但是幸运的万贵妃比朱见深早死了几个月。这位痴情皇帝居然破坏祖制，在十三陵陵区之内为爱妻修建了一座万贵妃墓，为的就是俩人死后还能相依相偎，浓情蜜意。

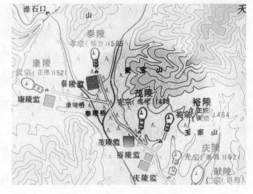

茂陵地理位置图

万贵妃比朱见深大近二十岁，年轻时被分派到紫禁城的昭和宫，去伺候小太子朱见深。据说两人早就眉来眼去，关系暧昧，所以朱见深一登基，就迫不及待地把这位万姐姐立为了皇贵妃。而此时的吴皇后怎么也想不明白，自己这么一位妙龄少女，怎么就拼不过一个33岁的半老徐娘呢？其实不止吴皇后，所有备受冷落的六宫粉黛都摸不透皇帝老公的心思。

万贵妃墓

就这样，朱见深为了一个他爱的女人而辜负了一群爱他的人。我们应该相信，这个世界上没有无缘无故的恨，也没有无缘无故的爱，万贵妃被朱见深如此宠爱，自有她的个人魅力。

无论是作为一个皇帝，还是作为一个男人，传宗接代都是不可推卸的责任，但朱见深却为了万贵妃忘了这个问题。万贵妃曾经给他生过一个儿子，但是很快就夭折了。从此之后，万贵妃没能再怀孕，紫禁城里多少年都没有听见过孩子的哭声了。

事实证明，朱见深身体健康，不存在生理缺陷。因为自从1475年之后，他接连生了14个儿子、5个女儿，您知道这是为什么吗？

早在1475年之前，凡是朱见深播下的龙种，一律被万贵妃连根拔起，没出生的就用堕胎药，生下来的只好想办法弄死。不承想再精明的女人也有百密一疏的时候，当年某位太监一刹那的心慈手软，就留下了朱祐樘这个小生命。为了防止万贵妃再下毒手，朱祐樘被藏在一间密室里，直到6岁那年才跟父皇相认。而此时的万贵妃知道被骗为时已晚，从此不再限制后宫嫔妃生儿育女，这才有了后来的14个儿子5个女儿。尽

朱祐樘

管如此，当年那位善良的太监以及朱祐樘的生母纪妃，还是因为惧怕万贵妃的报复而自杀了。

说起朱祐樘被立为太子之后，皇太后怕万贵妃再对孩子下毒手，于是就亲自把孩子带回慈宁宫抚养。有一天万贵妃叫朱祐樘到自己的宫里玩，太后嘱咐朱祐樘说，一定不要吃万贵妃给的任何东西，结果小太子挺听话，给什么都不吃。最后万贵妃让他喝汤，朱祐樘居然天真地问了一句：有毒吗？这下可把万贵妃给气着了，于是跑到朱见深那儿，诬陷太子"生性暴虐、横行霸道"，逼着朱见深废掉朱祐樘的太子位，结果朱祐樘果真被废了。但是巧合的是，自从废除太子之后，泰山连续发生地震，宪宗朱见深坚信这是因为违背了天意，这才恢复了朱祐樘的太子身份。

最幸运的专权宦官：汪直

　　现如今东城区的沙滩后街，早在清朝的时候叫马神庙，甭问，当年这条胡同里肯定有一座马神庙啊，这事儿可以追溯到明朝。

　　明朝的御马监，就位于现在的沙滩后街，也正是因此，才建了庙供奉马神。

沙滩后街地理位置图

沙滩后街

　　明朝历代专权的太监，大都是从小陪着皇帝长起来的，名为君臣，却情同父子。但是成化朝却有了例外：巴结皇帝没用，能沾上万贵妃就包您非富即贵了。太监汪直就是这么一个人。

　　汪直最早在紫禁城的昭和宫里伺候万贵妃，后来通过领导提拔，当了个御马监的芝麻官，具体工作内容跟孙悟空刚出道儿的时候差不多，仅仅是养马喂马而已。

　　其实汪直真正发迹的地方是在西城区的灵境胡同。当年这条胡同里有一座灵济宫，灵济宫前面就是明朝著名的特务机关西厂的所在地。话说到这儿我问问您，宪宗为什么要在这个地方设立西厂呢？我告诉您，纯属巧

灵济宫遗址

合。

　　话说成化十二年，也就是1476年7月，在北京城里逮着一位"妖人"名叫李子龙。他用旁门左道蛊惑人心，甚至网罗了极多太监意图不轨。宪宗朱见深派汪直到灵济宫去审讯李子龙，随后干脆就在这儿建了一个特务机关，这就是后来的西厂。

　　据说汪直天生具有很高的特务天赋，他经常穿着布衫戴着小帽，骑着毛驴便衣巡逻，老百姓都辨认不出来。西厂最恐怖的在于无孔不入，您琢磨琢磨，老百姓上街买菜、嗑瓜子聊天的时候，随时都可能有特务在监视着您，多瘆人呐。不仅如此，西厂在全国布下侦缉网，主要对象是京城内外官员，一旦怀疑某人，就立刻加以逮捕，事先不必经由皇帝同意，之后当然就是严刑逼供，争取把案件弄得越大越好。所以京城官民都可谓是人心惶惶。

汪直画像

196

　　西厂在成立一年之后，因为文武百官怨声载道，无奈之下朱见深下令撤销了这个特务机关，汪直只好重新回到御马监当他的弼马温。但是没想到的是，当年的六月，反对西厂的两位大臣都被罢免了，西厂重新恢复运行，这正好是汪直失宠的那一年，也就是1482年。

　　汪直失宠跟他的个人追求有关。他喜欢带兵打仗，经常到边境去巡逻。都说距离产生美，这下倒好，距离有了，美没了，离皇帝一远，却失了宠。据说有一次汪直带兵巡边，朱见深就没再把他召回来，直接派到南京的御马监养马去了。

最能挥霍的太监：梁芳

　　在成化年间，除了汪直之外，还有一个太监也是臭名昭著，叫梁

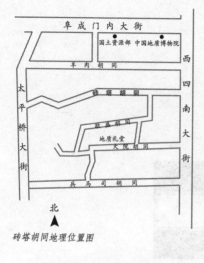

芳。汪直爱权，梁芳爱钱，他最大的能耐就是撺掇宪宗花钱。

离西城区西四牌楼不远的地方，有一条砖塔胡同。这条胡同里曾经有一座显灵宫。显灵宫原本是永乐年间修建的，在成化年间进行了扩建。至于当时扩建的真正理由，只有太监梁芳一个人知道。

砖塔胡同地理位置图

梁芳爱钱，爱到了什么赚钱干什么的地步。现如今想赚钱就炒房地产，可早在明朝，想赚钱就得盖庙，为什么呢？因为明宪宗朱见深笃信佛教，建庙的项目非常容易拿到批文。当然了，想赚钱必须得舍得投资，精明的梁芳深谙经商之道，他一边把大量的金银珠宝往万贵妃的昭和宫里送，一边撺掇宪宗皇帝不停立项，他好不停地承包工程，从中克扣工程款。砖塔胡同的显灵宫，就是梁芳的摇钱树之一。

现如今的灵显宫已经遗迹全无了，曾经有人在砖塔胡同的健身公园里看到过一些石料，很可能是当年庙里的石碑。话说到这儿，您知道建一座庙需要多少钱吗？

拿当年西四附近的大永昌寺来说，花了几十万两银子，拆迁了好几百家居民，可谓是劳民伤财。更讽刺的是，梁芳给宪宗引荐的和尚继晓居然是个花和尚，整日在大永昌寺里胡作非为。

据不完全统计，宪宗之前，几朝皇帝积累下来的现金总共堆满了七个银库，都在成化一朝挥霍一空。不过就连这样政府都没有出现财政赤字，由此可见，明朝也曾经国富民强，国泰民安，否则是禁不起宪宗一朝这么折腾的。

重访《乾隆京城全图》(五排四行)

魏家胡同18号，就是著名的马辉堂花园，

又叫马家花园。

马辉堂是谁呢？

大明皇帝的梦工厂——琉璃厂

两百多年前清朝的乾隆皇帝，

为了净化北京的空气质量，就把整天烟熏火燎的琉璃窑，

从现如今的琉璃厂彻底迁出了北京城，

搬到了现在门头沟的琉璃渠村。

吃错药的"圣主明君"

他是一个无嫔妃、无嗜好、无亲信的三无皇帝；

这是一个无专权、无战乱、无弊政的三无时期，

然而一场医疗事故，葬送了他的性命，

也葬送了大明王朝的前程。

重访《乾隆京城全图》(五排四行)

魏家胡同18号，就是著名的马辉堂花园，又叫马家花园。马辉堂是谁呢？

关于故宫的九龙壁，曾经流传着一个故事：一位姓马的老板，在自家的琉璃厂里烧好了琉璃，一个一个都编上了号，用来修建紫禁城里的九龙壁。谁知道验收的头天晚上，一个工匠不小心打碎了一块琉璃，九龙壁缺了一块儿，这在当时可是掉脑袋的罪过。于是这位马老板灵机一动，用金丝楠木仿造了一块琉璃，这才在验收的过程当中蒙混过关。但是您要知道，金丝楠木上油漆会退色，琉璃却不会，所以随着时间的

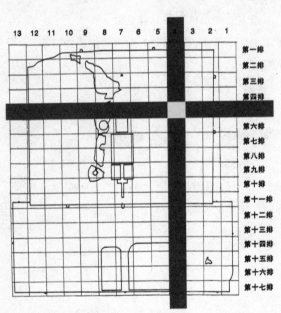

《乾隆京城全图》索引表

推移，假琉璃慢慢就露馅儿了。幸运的是，还没能颜色退干净，清王朝就倒台了，当年伪造琉璃的马家也算是逃过了一劫。这个故事并非传说，那块金丝楠木就在紫禁城九龙壁左数第三条龙下腹部的位置上，有机会您可以亲自去看看。而当年那位马老板的子孙，后来居然成了大清王朝能跟"样式雷"齐名的营造世家，今天我们重访北京城的第一站，就是位于东城区魏家胡同的马家花园。

● 重访地点档案

重访目标：《乾隆京城全图》第五排第四行

清朝所属区域：属正白旗领地

现在所属区域：东城区西部张自忠路南侧，属景山街道办事处

重点重访目标：魏家胡同、汪芝麻胡同、山老胡同、美术馆后街

营造北京六百年：魏家胡同 马家花园

位于东城区西边的魏家胡同，是在清朝得名的，在《乾隆京城全图》上的标注跟我们实地走访的结果完全相符。说起胡同的得名，还有两种不同的说法。其一是说当年有一个

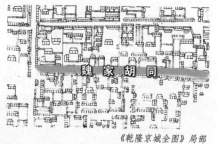

《乾隆京城全图》局部

姓魏的官员住在胡同里，所以叫魏家胡同。而第二种说法相比之下就更加确切。话说早在明朝，这地界儿属于市中心，由皇帝亲

自调配的皇家卫队就驻扎在这儿，所以最早这儿叫"卫胡同"，后来到了清朝，叫顺口了就成了魏家胡同了。

魏家胡同18号，就是著名的马辉堂花园，又叫马家花园。马辉堂是谁呢？说起来身份还有点复杂。首先他是清末著名的营造专家，现如今北京的六处世界文化遗产，马辉堂就参与修建了故宫、颐和园、天坛三处，外加承德避暑山庄。其次他是清朝北京最大的古建公司的老板。当年北京有十二个官木厂，分为"八大柜"和"四小柜"。所谓官木厂，并不是单纯生产木材的，而是一个配备齐全的建筑队，相当于现如今的古建公司。八大柜的首柜，就是马家的兴隆厂。当年的国家重点建筑工程，都由首柜兴隆厂承包，然后再由马家把项目分别包给其他的七大柜，剩下院墙、庭院之类的小活儿，分配给另外四小柜。所以说马家是清朝建筑业的龙头老大，一点都不为过。

马辉堂

官木厂老照片

当年北京城的富豪排行榜，前八位就有兴隆厂马家。除此之外还有我们熟悉的西鹤年堂的刘家以及瑞蚨祥的孟家。

202

故宫

其实马家在建筑业的历史，可以追溯到六百年前。话说明朝永乐年间，朱棣迁都北京，河北的一个叫马天禄的工匠创办了"兴隆厂"，通过招投标得到了修建紫禁城的机会。当年修建紫禁城的工匠数不胜数，但有名有姓载入史册的只有四位，马天禄就是其中之一。其他三位后来都当了官，唯独马天禄拒绝从政，继续做他的买卖办他的厂，从此马家流传下一句祖训：当官钱是当年完，买卖钱才万万年呐。

事实证明，马家的老祖宗是英明的，至少现如今我们知道马天禄和兴隆厂，而当年那三个加官进爵的工匠已经被时间淡忘了。马家世代营造北京城，经历十四代，长达600年，到了清末马辉堂时期，更是达到了顶峰。

值得一提的是，刚才咱们说了马辉堂的两种身份，而他的第三个身份，就是大清朝的债主。怎么讲呢？据说光绪年间修建西苑三海的时候，国库紧张，一笔三万多两银子的木料费就是由兴隆厂垫付的。当时财政部还给打了一个欠条，据说还在马家后代手里收藏着呢，现代折合人民币大概是900多万。由此可见当年的马家家底儿得有多厚了。

马辉堂曾经修建过不少皇家园林，而马家花园又是在民国建的，当时已经没有了所谓的等级之分，但是花园并没有修建得过于豪华，这正体现了马辉堂谦和、低调的做人原则，同时也体现了他作为商人的精明之处。

祭祀用品专卖店：汪芝麻胡同

紧挨着魏家胡同往北，西起南剪子胡同，东到东四北大街，就是

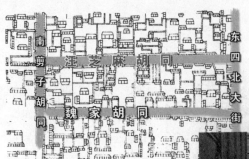

《乾隆京城全图》局部

汪芝麻胡同

汪芝麻胡同了。据史料记载，汪芝麻胡同全长436米，相当于一圈标准跑道的长度。早在明朝，汪芝麻胡同叫"汪纸马胡同"，

祭祀

所谓纸马，就是祭祀用品的统称，包括纸钱、香烛、银箔等等。而汪纸马胡同正是因为一家祭祀用品专卖店而得名的。早在明朝，纸马专卖店可谓是遍布京城。当时有罗纸马胡同、何纸马胡同以及汪纸马胡同。现如今罗纸马胡同变成了芝麻胡同，何纸马胡同改叫黑芝麻胡同，而今天我们走访的这条汪芝麻胡同，自然就是从"王纸马"演变过来的了。

汪芝麻胡同里像样的宅子不少，其中35号、45号、49号、53号、56号以及59号都被列为了东城区第二批四合院挂牌保护院落。而我们今天重点说说被列入东城区第三批文物普查项目的汪芝麻胡同28号。

28号院，是奕谟贝子的

汪芝麻胡同28号

204

府邸，准确地说，应该仅仅是他的办公室而已。而真正的奕谟府位于东四九条。咱们先来了解一下这位贝勒爷的在京档案。

● 《这里是北京》奕谟存档

姓　　名：奕谟

生　　于：1849年

享　　年：56岁

爵　　位：贝子

家庭关系：嘉庆帝之孙，载涛养父

特　　长：山水画

　　说起奕谟，离不开醇亲王家的七贝勒载涛。溥仪在《我的前半生》里曾经写过这么一段故事，说奕谟膝下无子，醇亲王奕譞家却是人丁兴旺。话说奕譞的第七个儿子载涛，人长得漂亮，慈禧太后一看挺喜欢，于是善作主张，把载涛过继给了奕谟贝子。据说当时载涛的亲生母亲刘佳氏哭得是昏天黑地，一塌糊涂。

　　幸运的是，奕谟挺喜欢载涛，没让这位小少爷受什么委屈。谁承想，五年之后，慈禧太后一道懿旨，又把载涛过继给了钟郡王。从此奕谟、奕譞两家人都受了不小的刺激，直到奕谟去世，都没有子嗣给他养

北京市文物保护单位

醇亲王府

（摄政王府）

老送终。而在此之后不久，醇亲王家的小孙子溥仪又被慈禧太后抱走成了宣统皇帝，现如今我们看来，估计是慈禧太后玩弄权术玩腻了，改玩儿人了。

溥仪

载涛从小就离开了亲生父母，给慈禧太后折腾来折腾去。先说这位涛贝勒的童年，应该是充满了阴影的。但是没想到载涛的性格非常的开朗豁达。根据记载，他最大的爱好就是骑自行车，年过花甲的时候还每天骑车上班，声称骑到80岁就不骑了。没想到老爷子到了79岁那年知道自己的骑行生涯还有短短的1年，于是抓紧时机，骑车去十三陵打了个来回。

辛亥革命之后，清政府倒台了，作为贝勒爷的载涛也失去了生活来源，尽管如此，他并没有像大多数满清遗老遗少一样穷困潦倒、荒唐度日，而是选择了一种适应时代潮流的新的生活方式。

能上能下：山老胡同7号 载涛宅

● 《这里是北京》爱新觉罗·载涛存档

姓　　名：爱新觉罗·载涛

民　　族：满

出生日期：光绪十三年（1887）五月三日

享　　年：83岁

爵　　位：贝勒

身　　份：醇亲王奕譞的儿子、溥仪的七叔

性　　格：乐观，豁达，兴趣广泛

现如今老干部退休、老职工下岗，难免都有点失落，我们建议您

辅仁大学旧址

学习学习载涛的乐观精神，看看人家是怎么适应从"皇叔"到"大叔"的转变的。

话说辛亥革命以后，皇叔载涛逐渐断了生活来源，于是，载涛将贝勒府全部房产以十六万现大洋卖给了辅仁大学，随后又购置了宽街附近的山老胡同2号院，也就是现在的山老胡同7号，从此开始了一段新的人生旅程。

当年的皇亲国戚被打入凡间之后，大都是先变卖家产，然后卖王府，最后变卖祖坟上的古树。载涛在无奈之下也迈出了变卖家产的第一步，但是后来发生

山老胡同2号院

的事情就与众不同了。载涛是个开朗豁达的人，他没有选择偷偷摸摸地跑当铺，更没有到古玩店里去招摇撞骗。让人意想不到的是，堂堂一位大清国的皇叔，居然堂而皇之地在德胜门外的小市场里摆起了地摊。

在这里，载涛还创造了一个"奇迹"，原来，他在无意之中错将一只明代瓷器当作一个普通旧瓷瓶卖了。买主捡了一个大便宜，于是就盯上了载涛，几乎天天都来看看，消息一传，载涛出名了，不少人赶来凑热闹，以前是他等买主，现在成了买主等他。载涛的生意开始火了，就这样，载涛以摆摊为生，度过了解放前最困难的几年。

尽管如此，这期间载涛为生活所迫第二次变卖房产，又将山老胡同2号房产卖给清管局，换了两千二百一十匹布，合旧币两亿八千七百三十万元，除中间费、工友遣散费、房客迁移费四千二百万元，修建西扬威胡同住宅及搬家费约一千五百万元，从此，载涛带着原配妻子，庶夫人及小儿子住进了西扬威胡同戊六号——原来自己的马棚，开始了平民生活。

慈禧的贴心人：美术馆后街23号 固伦荣寿公主府

您知道慈禧太后怕谁吗？我给您提个醒，这个人不是太监，也不是王公大臣，而是一位公主。举个例子，相传慈禧太后偷偷做了一件旗袍，用现在的话来说有点花哨，不符合皇太后的服装要求。但是慈禧喜欢，就偷偷藏起来了。后来这位公主知道以后，旁敲侧击地说："我在绸缎庄看上一件旗袍，挺漂亮的，但是这种面料不符合咱们大清朝的家法，所以女儿没敢给皇额娘买。"结果第二天老太太就恋恋不舍地把那间花里胡哨的旗袍送人了，而这位公主，就是接下来的女主角儿，固伦荣寿公主。

《乾隆京城全图》第五排第四行最明显的建筑，就是这座诚亲王府了。诚亲王是康熙皇帝的二十四子，叫允秘。王府是乾隆二年盖的，直到同治八年，产权人才由诚亲王的后代改成了固伦荣寿公主。

固伦荣寿公主府

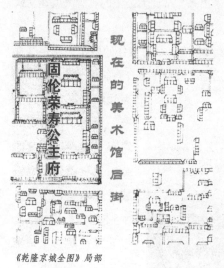
《乾隆京城全图》局部

现如今位于北京市东城区美术馆后街23号的北京中医医院，就是当年的固伦荣寿公主府所在地。其实这位公主并非皇帝亲生，而是恭亲王奕訢的长女，生日是咸丰四年，也就是公元1854年。当时的咸丰皇帝还没能生下一儿半女。当时还是懿贵妃的慈禧，一是想拉拢奕訢，二也是为了牵制奕訢，于是小格格七岁那年被招进宫里，破格封为"固伦荣寿公主"。

当年她下嫁给一等诚嘉毅勇公六额驸景寿之子志端。不知道是公主命硬，还是志瑞命薄，结婚不到一个月这位新驸马就病逝了。从此荣寿公主又搬回了紫禁城，陪在慈禧太后身边。

现如今美术馆后街的公主府旧址没能留下什么遗迹，因为早在1985年，荣寿公主府就异地迁建至密云县城西的白河郊野公园，

荣寿公主从小就是个不苟言笑、张弛有度

固伦荣寿公主

的女孩儿，包括光绪皇帝在内的公主、贝勒们，对这个姐姐都有点敬畏。都说近朱者赤、近墨者黑，荣寿公主在慈禧身边待时间长了，不知道是耳濡目染还是天性使然，反正史书上记载这位公主是"飞扬跋扈、贪婪无度"。

相传有一次督察院的御史锡珍遇到大公主没来得及避让，公主立马下令把锡珍和车夫关进了协尉官厅，也就相当于现在的公安局。还是公安局长下跪求情，锡珍才被放了出来。从此大公主的臭脾气就在文武百官之中传开了。

其实除此之外大公主还贪财，慈禧太后最信任的两个人就是李莲英和荣寿公主。话说大公主去世之后，1928年蒋介石的侄子蒋孝先带着

宪兵驻扎在了大公主府，无意中在后院的地窖里发现了大量的金银。蒋孝先把金银装进大木箱，愣装满了5卡车，据说这些金银元宝都是当年荣寿公主勾结李莲英卖官鬻爵收受的贿赂。

荣寿公主府内一景

大明皇帝的梦工厂——琉璃厂

两百多年前清朝的乾隆皇帝，为了净化北京的空气质量，就把整天烟熏火燎的琉璃窑，从现如今的琉璃厂彻底迁出了北京城，搬到了现在门头沟的琉璃渠村。

这段时间首钢集团和焦化厂的外迁，成了咱北京市政府办的头等大事儿，为的就是能够优化咱北京的空气质量，改善老百姓的生活环境。但您知道吗，像这种造福百姓的事儿，从古至今那是数不胜数，比如说，两百多年前清朝的乾隆皇帝，为了净化北京的空气质量，就把整天烟熏火燎的琉璃窑，从现如今的琉璃厂彻底迁出了北京城，搬到了现在门头沟的琉璃渠村。

支柱企业：五大厂

话说1421年，朱棣迁都北京之后干的第一件事，那就是先找个落脚的地方，说白了就是得置办一套房子住上，但是这砖瓦沙石、柁木檩条上哪找去啊，所以当时就命令工部，也就是咱们现在的建设部，立马建厂生产这些原材料，这就是后来形成的明朝五大厂。

话说到这儿了，当时这五大厂都设在哪，又都是干什么的呢？这就给您念叨念叨。位于现在崇文区广渠门附近的神木厂，以及东直门外的大木厂，这都是当时存放木材的，专门加工成各种柁木檩条、门窗木器；再者就是堆放柴草、芦苇的台基厂，就是现如今王府井南口到东交民巷之间这条南北走向的马路；还有就是现在陶然亭公园北门一带的黑窑厂以及和平门往南、虎坊桥以北这儿的琉璃厂，当年这俩地界儿都是专门生产琉璃砖瓦、琉璃构件的。

这五大厂里，最受皇上器重的那就是琉璃厂了，因为琉璃是当年建造整个北京城的时候利用率最高的一种原材料。古时候，国家领导人都认这物件儿。在《汉书》里，琉璃被写成"流离"，意思就是流光异彩、颜色艳丽，大伙儿都管它叫"药玻璃"，当时还从印度、伊朗进口了不少呢，专门装饰宫殿的门窗、屋顶，最主要的是，琉璃是当时皇家的专属装修用品，象征着皇家的身份。

五大厂地理位置图

您说这偌大的一座北京城，当时皇上要盖的房多了，这琉璃厂每天得烧多少琉璃才够皇上用的呢。

明朝这五大厂的名字现在都沿用下来了，但是如今仍然能够得到人们重视，而且有所发展的，那就是琉璃厂了。但是琉璃厂并不是明朝朱棣皇帝首创的，而是元大都的创始人——忽必烈皇帝的专利。而当年忽必烈建琉璃厂的初衷竟然和明朝朱棣皇帝如出一辙，不过，忽必烈比朱棣的高明之处，就是懂得就地取材。

212

故宫一景

应急举措：琉璃窑内厂

忽必烈把元朝定都北京之后，并不像后来明朝朱棣皇帝似的建五大厂，兴建北京城，而是一门心思地可着北京城就找琉璃。忽必烈的目的

忽必烈

是不单要把家盖起来，而且盖的还得让它像样、漂亮。最终，忽必烈把烧造琉璃的琉璃窑选定在了门头沟的琉璃局村，也就是现在的琉璃渠村。

之所以把琉璃窑锁定在那儿，就是因为那儿满世界都是"坩子土"，一种专门烧造琉璃的原材料，也叫瓷土，所以说把琉璃窑厂建在这儿，为了就地取材呗。

当年建造元大都的时候，房子越建越多，宫殿越盖越大，所以需要大量的琉璃制品，当时有点供不应求的意思了。所以，当即决定在元大都城边上再建一个琉璃窑，以解决燃眉之急。这才把第二个琉璃窑建在了当

琉璃渠村

时元大都南城墙外头，就是现如今和平门一带，人们也就习惯地把这地方叫成琉璃厂了，这是内厂。当然了，门头沟琉璃渠村的窑厂就成了外厂。而"坩子土"就由外厂向内厂输送。当年的运输并没有采用陆路，当然更不可能是空运，而是选择了

琉璃制品

漕运——金水河。这条河从玉泉山流出，途径和义门，也就是现在的西直门，赵登禹路、太平桥大街、甘石桥，最后终点到达现在的北海，再

琉璃渠村地理位置图

倒马车运到琉璃厂。而当时的琉璃厂就是一片大空场，后来随着生产规模的壮大，最兴盛的时候整个厂区北至西河沿，南到前孙公园，东到延寿寺街，西到南、北柳巷，当时那面积大概相当于咱们现在的四十个足球场那么大。

甭管是元大都的琉璃厂还是明皇城的五大厂，毕竟都是国家的买卖，这么大的企业，总得有个领军人。对这人的要求，首先您得懂技术，其次您还得懂得企业管理，得是块当领导的材料，您说这要求是不是挺高的，所以这样的人临时

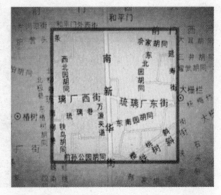

琉璃厂地理位置图

培养是来不及了，就得找一位现成的德才兼备的人来管事。谁呀？琉璃赵！

行业龙头：琉璃赵

俗话说火车跑得快，全凭车头带。北京和平门外的琉璃厂和门头沟的琉璃渠，来了一位领军人物。话说1267年，也就是忽必烈定都北京，决定开始兴建北京城的那一年，忽必烈把山西榆次县南小赵村烧造琉璃的世家——赵家的第十七代传人请到了北京，专门负责技术指导兼企业管理，把内厂、外厂的琉璃窑统一管理起来。

赵家的第十七代传人

打那时候开始，北京琉璃制造的皇家专属权就正式移交给了赵家，琉璃赵担起了皇家建筑用的所有琉璃构件的烧造。从元朝到清朝600多年间，北京的三山五园、故宫、颐和园以及承德避暑山庄等等等等，所用的琉璃全都由他们一家监造。

在门头沟的琉璃渠村，元朝皇室还特意赏了他一套商住两用的豪宅——商宅院，以资鼓励。这也就成了元代管理琉璃制造工作的中央机关所在地了。因为当时琉璃赵被加官进爵，级别就相当于现在的局级干

部，所以当时还专门给他配了两位助手协助工作。

就这样，琉璃赵督造的琉璃制品成为了皇家最信得过产品。所以说，建造北京城的历史重任，这军功章也有琉璃赵的一半啊。

其实关于琉璃赵来北京工作这段故事的版本有很多，甚至有的还说，琉璃赵最初就是一名外地来京的务工人员，是经过自己不断努力勤学苦练而自学成材，从一个窑工摇身变成了一位窑主，而且不断扩大自己的势力，最后发展成了琉璃制造业的霸主。琉璃赵家族在元明清三朝一直经营着琉璃制造业，但是和平门外的这个琉璃厂，却在不经意之间改变了自己的命运。

城里城外：窑厂变市场

众所周知，明皇城是在元大都的基础上建起来的，只不过将皇城向南移了一些。到了明朝嘉靖皇帝当政的时候，为了抵御外敌骚扰，又加盖了外城，也就是现如今崇文区和宣武区的所在地。

这么一来，琉璃厂就从元大都的城外头一下跑到明朝都城的里边来了，农村户口改城市户口了。嘉靖皇帝这么一加盖外城，琉璃制品的需求量就更大了。这么一来，当时琉璃厂愣是三班倒，24小时不停地生产都完不成任务。为了确保琉璃制品的正常生产，不让琉璃窑断料停火，特命各城门24小时对琉璃厂开放，保障原料煤炭的正常运输。

随着明朝都城的逐渐壮大，老百姓生活所需的五行八作如同雨后春笋般出现在了北

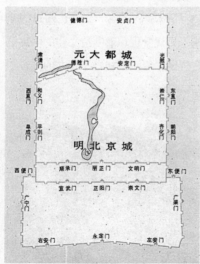

元明北京城变迁示意图

京的大街小巷。俗话说了，货卖成堆。这样呢，各行各业也就形成了自己小范围的集市。什么菜市、米市、花市等等，市场很是繁荣。

米市老照片

但不幸的事情发生了：当年的灯市，也就是现在的王府井灯市口大街，突然着火了。大火殃及了周围的很多商家店铺，这下可是警醒了嘉靖皇帝，看来这种易燃易爆的行当不能久居城里，当即决定把它们都迁到外城琉璃厂旁边的空场上。这下琉璃厂可热闹了，什么吃的、喝的、玩的、乐的全都聚在一堆儿了，慢慢地也就形成了集市、庙会，咱现如今的厂甸庙会就打那时候兴起来的。

没承想这么一来，这琉璃厂的窑火是越烧越旺，这儿的集市也是越来越热闹。但是问题出现了，琉璃窑整天都是这么烟熏火燎的，周围的老百姓可就不干了。就这么一直忍到了清朝，终于有一个人坐不住了，发话了，谁啊？乾隆皇帝呗，一道圣旨，琉璃厂的琉璃窑给我搬出去！

庙会老照片

为民造福：工业遗迹再利用

话说清朝乾隆爷当政那会儿，有一天早朝，忽然看见天上黑烟滚滚，遮天蔽日，一问才知道，原来琉璃厂正烧窑呢。这还了得，这么多黑烟，把我的城池都给我弄脏了。二话没说，一道圣旨就把琉璃厂连工人带琉璃窑发配到了门头沟的琉璃渠村。

这一迁，门头沟的琉璃窑厂可以说是两好变一好了：设备多了，生产力量壮大了，主要是还省下了原材料的运输费用。

琉璃渠村

咱回过头来再说琉璃厂，自打琉璃窑这么一迁走，这儿水也清了，天也蓝了，乾隆爷的心里也舒坦了。而且又腾出了一大片空地儿，乾隆爷就效仿着明朝的嘉靖皇帝，也把那些易燃易爆的行当往这儿转移，只不过大部分都是书市，什么报国寺书市、灯市口书市、城隍庙书市。逐渐地，这地界儿就成咱北京最早的图书集散地了。

为了避免发生火灾，乾隆爷花了8万多两银子，大概相当于咱现在的人民币2000多万呐，在这周边一气儿盖了仨火神庙，为的就是供着火神，至于到底奏效没奏效，我们就不得而知了。两百多年过去了，幸运的是还有一座保留下来了，就是现如今琉璃厂东街29号的宣武文化馆的所在地。当时这儿还定期举办火神庙书市，来这儿的大概有这么三种人：当时清朝已经实行满汉分居，汉人一水儿的都住在外城，但是很多汉官为了早上上班不迟到，大部分人并没搬多远，都住在了城根底下。下班之后，就顺便逛逛这儿的书市。除了这帮上班族，来北京参加科考的学生们也是这儿的常客，有的甚至把临时住所都选在了这儿。既然是

文人墨客经常出没的地方，自然就少不了笔墨纸砚，后来，什么宣纸、徽

琉璃厂东街29

墨、湖笔、端砚，各种商店全都云集在了琉璃厂，一应俱全。再有就是那些提笼架鸟的纨绔子弟了，他们也经常跑这儿来淘换自己喜欢的古玩字画、珠宝玉器。您就可想而知了，当年的北京城里，估计是再也找不出来比这儿还热闹的地方喽。

咱回过头来想想，当年明朝这五大厂的兴建，是为了北京的城市建设，当它们的任务完成之后，自当退出历史舞台。而琉璃厂之所以能够保留和传承下来，正应了一句时髦的话：与时俱进，发展才是硬道理。它从最初的一个烧琉璃的窑厂，变成了如今闻名遐迩的文化一条街。

琉璃厂闹市

吃错药的"圣主明君"

他是一个无嫔妃、无嗜好、无亲信的三无皇帝；这是一个无专权、无战乱、无弊政的三无时期，然而一场医疗事故，葬送了他的性命，也葬送了大明王朝的前程。

　　明朝16个皇帝，17个年号，朱见深是第八任。咱们先来回顾一下朱家家谱：明朝的第一位皇帝是朱元璋，第二位是建文帝朱允炆，第三位是迁都北京的朱棣，之后第四位、第五位分别是仁宗朱高炽、宣宗朱瞻基，这两位打造了"仁宣之治"，是明朝历史上难得的两位明君。再往后朱瞻基的儿子就是经历了"土木之变"和"夺门之变"的明英宗朱祁镇，朱祁镇在"土木之变"中被俘虏之后，弟弟朱祁钰登基，在位7年，凑巧的是他正好是明朝的第七位皇帝，7年之后朱祁镇夺回皇位，年号从"景泰"改成了"天顺"，他两次登基，所以明朝出现了16位皇帝，17个年号的现象，再往后，第八位皇帝就是咱们以前的节目里说到的宪宗朱见深，他的光荣事迹当属那段与万贵妃的"生死姐弟恋"了。接下来即将出场的就是明朝的第九位皇帝——年号弘治的孝宗朱祐樘。

　　他是一个无嫔妃、无嗜好、无亲信的三无皇帝；这是一个无专权、无战乱、无弊政的三无时期，然而一场医疗事故，葬送了他的性命，也葬送了大明王朝的前程。

● **朱祐樘在京档案**

姓　　名：朱祐樘

出生日期：1470年7月3日

属　　相：虎

享　　年：36岁

家庭成员：生父：宪宗朱见深

　　　　　生母：纪淑妃

　　　　　继母：万贵妃

结婚年龄：18岁（明朝唯一一位奉行一夫一妻的皇帝）

死　　因：医疗事故（吃错药了）

平凡的老丈人：北京市东城区安定门内 国子监

朱祐樘的感情专一，是从老爸朱见深那遗传下来的。有所不同的是，尽管朱见深跟万贵妃爱得死去活来，也没能耽误他娶妻纳妾生儿育女。而朱祐樘却真正实现了一夫一妻制，这个独享恩宠的女人，就是出身平凡的张皇后。

张皇后是河北人，他的老爸叫张峦，原本是个秀才，也就相当于河北的一个普通高中生，后来因为成绩优异才被保送到了"重点大学"——国子监。在国子监里，有三类学生，第一种是自己考上的，第二种是国外

张皇后

的留学生，比如韩国、俄罗斯、泰国等等，这第三种人，就是张峦这类被地方院校保送来的。

从朱元璋在位开始，国子监的应届毕业生都有机会到政府部门实习。实习表现好的，送到吏部，也就是人事部登记，继续录用，赶上日后哪个部缺干部了，还能上调；能力不行的，送回国子监复读；要是有

奸懒馋滑的，直接开除发配。

明朝初年，国家急需人才，所以国子监学生的实习机会和就业机会比较多，但是随着毕业生越来越多，就业问题也变得越来越突出了。到了明英宗时期，干脆废除了实习的制度。

如此说来，朱祐樘的老丈人张峦在国子监读书的时候，连到政府部门实习的机会都没有了，充其量也就是个面临就业困难的大学生而已了。

一个背景如此平凡的张峦，怎么能培养出一位皇后呢？这段爱情故事里，没有皇帝与皇后的浪漫偶遇，也没有贿赂太监进宫选秀的暗箱操作。其实从明朝初年开始，就设立了从民间选后的规定。您想想，如果皇后都是出身名门，皇帝的老丈人都是朝廷重臣，那就很容易出现后宫与外戚勾结掌控朝政的危险，因此从民间选择心地善良、知书达理的良家妇女，成了明朝选后的最大特色，这也为民间的适龄女青年提供了一个飞上枝头变凤凰的机会。但是作为老丈人的张峦怎么也想不到，自己的女婿自从结婚之后，就再没有碰过别的女人。

皇帝的榜样：北京市东城区紫禁城中路 乾清宫

其实作为皇帝，感情专一并不难，前有朱见深专情万娘娘，后有顺治帝宠幸董鄂妃，但是像朱祐樘这样，能跟自己的原配老婆恩恩爱爱从一而终的，却是前无古人后无来者了。

乾清宫在紫禁城里属于商住两用的多功能宫殿，集工作、学习、休闲、会客、宴请、休息于一体。西暖阁是皇帝召幸嫔妃的地方，而东暖阁则是专门用来召幸皇后的。对于朱祐樘来说，乾清宫的西暖阁常年闲置，因为他这辈子根本就没有嫔妃可以临幸。

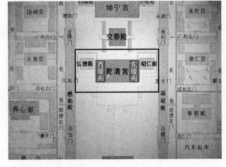

乾清宫地理位置图

据史料记载，朱祐樘跟张皇后常年在乾清宫里同睡同起，当年的东暖阁装修非常简单，这对恩爱的小夫妻，不知道是热爱劳动还是怕"电灯泡"晃眼，总之日常生活几乎不用宫女伺候，一律自理。

话说到这儿，我们应该分析一下朱祐樘坚持一夫一妻的心态。不可否认的是，他和张皇后是一对恩爱的模范夫妻，"情"字当先，毋庸置疑。除此之外，有史学家认为，朱祐樘从小目睹了以万贵妃为首的后宫之争，他的母亲纪淑妃也是被万贵妃残害而死的，所以我们有理由相信，朱祐樘从小就对女人产生了畏惧心理，因此坚持女人越少越好的婚姻原则。

除此之外，朱祐樘还是个难得的大孝子，他能坚持为老爸朱见深守孝三年，三年里不能敲钟打鼓，不接受朝贺，宫里一律穿素服，就更别提娶妻纳妾了。就这样，"选秀"的事儿一拖再拖，一心扑在工作上的朱祐樘，也没有过多的精力琢磨女人。另外据史料记载，张皇后也是个性格开朗、精明能干的人，足以驾驭老公，因此两口子一直琴瑟和谐，恩恩爱爱，直到朱祐樘去世都没有纳妾，而张皇后则成了明朝历史上婚姻最幸福的一位女人。

众所周知，太监乱政，但是朱祐樘身边的太监却每天给他念书听，还监督他不许读闲杂书籍。其实仔细一琢磨，不是朱祐樘命好，而是他会用人，首先挑选贤能的大臣在自己左右，然后才是对他们"顺从""听话"，据说朱祐樘对元老从来不直呼姓名，君臣之间互相尊敬，风气好极了，也就不存在拉帮结派，结党营私的问题了，这才有了弘治年间的太平盛世。有句话说"生得伟大，死得光荣"，朱祐樘活着的时候确实挺伟大的，但是死的时候却不那么光荣！

医疗事故：北京市昌平区天寿山 十三陵 泰陵

自古至今，上到帝王将相，下到平民百姓，选择墓地都讲究个风水，明朝的皇帝自然也不能例外。但是十三陵之中安葬朱祐樘的泰陵，风水并不太好。

据史料记载，泰陵在修建的过程当中，曾经从地下涌出泉水，泉眼得有碗口大小。这在当时是不吉利的征兆。后来主管陵墓修建的太监偷偷找人把泉眼堵上了，这才蒙混过关，没有另外选址。其实即使没有泉眼，泰陵也算不上是上风上水，引用《帝陵图说》中形容泰陵的词叫"地气不正"。

泰陵地理位置图

其实说来，朱祐樘不仅

泰陵

葬得草率，而且死得荒唐。按说他这一辈子生活规律，没有不良嗜好，也没沉迷女色，怎么36岁就英年早逝了呢？话说当年的朱祐樘只是偶感风寒，也就是感冒了，结果不承想太医开错了药，吃得朱祐樘直流鼻血，最终医治无效而死。当时"哭声震野"、"深山穷谷，闻之无不哀痛"。

　　朱祐樘这一辈子，对得起身边的每一个人，唯独对不起自己。他登基之后，只为了不违背父亲的意愿，没有追究万贵妃的罪行，结果生母纪妃的死因至今不明；对老婆，他尽到了男人的责任，一生清心寡欲，从一而终，却落得一脉单传，最终绝后；对大臣，他给足了面子，几乎言听计从，虽然热爱诗歌书画，却只能压抑个性，偶尔为之。

　　其实帝王与百姓的差别，就在于超人的自制力。纵观明朝帝王，面对女人、爱好、金钱、权力，往往都不同程度地丧失了理智，唯独朱祐樘是个例外，因此他成为了帝王行业中的榜样。只可惜，一次吃错药，竟然葬送了这位"圣主明君"的年轻生命。与其说这是朱祐樘的医疗事故，倒不如说是大明王朝的医疗事故，当朱祐樘与世长辞的时候，一个太平盛世也在不知不觉中慢慢地病入膏肓了。

跋

《这里是北京》丛书出到第四册的时候，却发现第一册已经几乎绝迹了。

一档电视栏目，能够在图书出版市场上占据一席之地，《这里是北京》不是最早的，也不是发行量最大的，却是最有耐力，最能持之以恒的。

一套系列丛书，每册都能高居销售排行榜前几名，两年来连续出版四册，后面还有第五册、第六册正在文字整理当中，实属不易。

相信很多人都和我一样，刚接触《这里是北京》节目的时候，都以为这些影像和文字背后，会有一个"中老年创作团队"，至少是60后生人。但是真正深入了解之后才知道，《这里是北京》栏目整个创作团队是由一群朝气蓬勃的80后组成的。

古老的历史，年轻的队伍，或许正是这样一个奇特的组合，造就了奇特的《这里是北京》——运用当下的语言，讲述千百年前的故事。

从收视率调查的结果来看，《这里是北京》有别于其他历史文化类节目的特点之一在于，它吸引了大批的青少年观众和海外观众。五千年的中华文明，三千年的北京文化，真要正襟危坐地讲述起来，或许绝大多数人都会感觉晦涩难懂，然而正是《这里是北京》运用现代的表述方式，略带京腔的普通话，赢得了广大电视观众的喜爱。

从2004年10月到2008年10月，《这里是北京》迎来了改版之后的四岁生日。但是栏目的主创人员似乎不太喜欢"生日"这个词，它们找到了一个更形象的比喻——大学四年毕业。从大一的青涩、大二的专注、大三的成熟，到了今天，他们坦然承认，同样面临着大四学生的彷徨。是心无旁骛地深入研究，还是脱胎换骨融入市场？显然，对于北京卫视的精品栏目而言，并非AB选项那么简单。

既要有深度，又要有市场，这就是我们对《这里是北京》的期望和要求，也是北京卫视对自身的要求。其实，一直以来，大家都在为这个目标做着努力和尝试。

最后，《这里是北京》正在与首都博物馆商讨捐赠事宜。一个电视栏目，入藏博物馆，并不多见。但是这件事儿的确非常必要，《这里是北京》走过的四年，正是北京这座城市走过的四年，未来还有很多个四年，是需要《这里是北京》与这座城市携手共进的。任何史料文字，都没有镜头鲜活，都不如声音亲切，电视正是把这两大优势元素结合在了一起。因此，博物馆收藏《这里是北京》，无异于收藏一段段生动的历史。

对于一档电视栏目，金杯银杯不如观众的口碑。如何让《这里是北京》踩准时代的步伐，在后奥运时代新的收视环境下，如何保持优势，如何在其精神不变的情况下不断创新，这都是栏目组主创人员应该思考的问题。

当读者拿到这本书的时候，《这里是北京》第五册的文字整理工作或许已经接近尾声了，我相信他们的工作热情和效率。希望第五册图书出版的时候，还能为这个栏目写点什么。

北京电视台总编辑　徐晓

图书在版编目（CIP）数据

这里是北京. 4/李欣主编. −北京：华艺出版社，
2008.9

ISBN 978−7−80252−070−7

Ⅰ.这… Ⅱ.李… Ⅲ.北京市−概况 Ⅳ.K921

中国版本图书馆CIP数据核字（2008）第145488号

这里是北京

主　　编：李　欣

责任编辑：黑薇薇　刘　方

装帧设计：轩　子

排版制作：北京金晨亚图文制作中心

出　　版：华艺出版社

社　　址：北京市海淀区北四环中路229号

电　　话：(010)82885151

传　　真：(010)82884314

经　　销：新华书店

印　　刷：北京天正元印务有限公司

开　　本：1/16

字　　数：240千字

印　　张：14.75印张

版　　次：2008年10月第2版

印　　次：2008年10月第2次印刷

书　　号：ISBN 978−7−80252−070−7/Z·524

定　　价：36.00元